读党史
学谈判

宋连生 王树臣 /著

江西出版集团·江西人民出版社

前　言

人们常说,恋爱是谈出来的,生意也是谈出来的。不论在什么单位,任何部门,也不管你是打工,还是做老板,都需要磋商谈判。与老板谈工资待遇,与客户谈商务合作,没有精明的谈判能力和意识是不行的。你所掌握和运用的谈判原则、技巧、规律等等,对于能否取得成功具有决定性的作用。

谈判的双方都想赢。如何取得谈判最佳效果?途径有多种,但其效果往往受传统心理意识影响。由于儒家文化的影响根深蒂固,自古以来,我们在人际交往中讲究礼节,重人情面子,讲关系,希望对方把自己看成是大权在握负有使命的人。英国谈判学家比尔·斯科特在他的谈判学著作中曾对此作过专门分析。他说:"中国人极重面子,在谈判中,如果要迫使中国人作出让步,则千万注意,不要使他在让步中丢面子。这对我们来说是极为重要的。最后的成交协议,必须是彼此的同事认为是保住了他的面子,或为他增光的协议。"美国人卢西思·W.派依在他的《谈判作风》一书中也指出:"用帮助中国人得到面子的办法可以得到很多东西。任何时候,如果不给面子,就可能造成损失。"可见,西方人能比较透彻地认识到我们的面子观念,并且有相应的策略。他

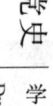

们谆谆告诫,在和中国人的谈判中,一定要利用中国的这种国民性。要面子,是我们在谈判中最容易被对方攻克的弱项。

如何克服我们固有的弱项呢?向西方学习,虽然可以学到一些技巧,但会使我们的民族心理失衡,不利于谈判最后的成功;向中国传统文化学习,虽然可以学到一些策略,但又会增强要面子的心态,不利于互利双赢。抉择成为人们提高谈判能力的第一前提。其实,当人们把眼光放到西方和遥远的古代时,却忽略了眼下我们所处的政党政治环境。中国共产党作为中国的执政党,由小到大,由弱到强,由艰难挫折到持续胜利,一路走来,其奋斗历程所体现出的谈判成功典范,对于今天的企业乃至个人都有借鉴意义。

从某种意义上来说,现实就是历史的重复,历史的兴衰成败也给现实的我们以警醒、明示、法度和理智。所以我们常说,历史的现实意义大于历史本身。改革开放以来,不论是企业,还是个人,不论是职场上的老手,还是将要走上社会的大学生,最基本的生存状态与中国共产党成长壮大的奋斗历程存在着一个根本的共同点,就是必须积极应对外部挑战。透过纷繁复杂的中共党史,我们可以拨开重重谈判云雾,悟出一种全新的谈判智慧。

读史可以明智。讲历史,归根到底离不开现实,在现实社会中,诸如联想和柳传志、海尔和张瑞敏、华为和任正非、娃哈哈和宗庆后、天下第一村——华西村和吴仁宝等,他们成功的理念都是对中共党史精华的充分吸收并加以灵活运用。

本书是从一个新的视角探讨谈判的策略与步骤问题。中国共产党的历史可以给我们提供无比丰富的理论成果和实践经验。这些理论与经验是中国化的,是本土化的,与我们今天的社会实践紧密结合,既没有"水土不服"的病症,又没有远隔尘世的困惑,完全可以为朋友们所

学习与掌握。而且与国外的成果相比较,与中国传统文化中的成果相比较,它的理论更容易懂,案例更容易记;方法更容易使用。

  本书的写作立足于尊重历史,紧密结合企业在谈判中遇到的难点、疑点、热点问题,讲故事,讲经典,讲企业面临的问题,讲现实的应用方法,力求在通俗浅显的讲述中让读者既丰富了有趣的历史知识,又能学到实用的谈判方法,从而发挥党史资政育人、服务社会的作用。

宋连生 王树臣

2008年春于石家庄

目 录

第一章 放眼全局谋划谈判

> 谈判是一个双方求取共识、集结共同利益、心和心互动的过程。从这个意义上说，谈判是实现总目标的一个重要手段。
>
> 在中国共产党发展的历史中，曾多次运用谈判手段，解决了很多棘手的问题。可以说，谈判是中国共产党取得最终胜利的一个重要方法和手段。

1. 谈判是实现总目标的手段 —— 003
2. 谈判必须为完成特定任务服务 —— 008
3. 冷静分析错综复杂的利益格局 —— 012
4. 总任务：谋求共同利益 —— 017
5. 总方针：求同存异 —— 022
6. 总策略：因时而变，因敌而动 —— 027

第二章 重在谈判前，准备是关键

> 谈判是双方心理素质的较量，也是谈判技巧、专业知识与信息收集能力的较量。谈判过程充满了变数和陷阱，唯有准备充分，方能心中有数，并由此再上升到胸有成竹，胜券在握。只有做好谈判前的准备，才能在谈判中应对自如，不会被对手牵着鼻子走。才能发挥己方的优势，达成满意的谈判结局。

1. 不打无准备之仗,不打无把握之仗 —— 035
2. 优势而无准备,常处被动 —— 038
3. 处于劣势而有准备,常能取胜 —— 041
4. 知己知彼,把握时机 —— 044
5. 拿出方案抓先机 —— 049
6. 精选骨干好迎敌 —— 052
7. 谈判艰难要耐心 —— 056

第三章

坚持原则,两手准备

> 中国共产党在历史上对待谈判问题的做法值得我们借鉴。党成立80多年来,历经大大小小无数次谈判,正因为始终坚持在原则问题上不让步,才取得一个又一个伟大的成功。

1. 必须有坚定的原则性 —— 061
2. 在根本利益上不能让步 —— 065
3. 不糊里糊涂接受谈判 —— 069
4. 以谈对谈,以打对打 —— 073
5. 粉碎对方的不良企图 —— 077
6. 争取谈成,不怕破裂 —— 081
7. 争取快,不怕拖 —— 086
8. 忍耐再忍耐,坚持再坚持 —— 090

第四章
谋形造势，创造有利氛围

> 谈判不仅需要谈判桌上的灵活应变、聪明才智，而且还要注重谈判之外的因素，也就是要与谈判对手的不同层次的人打交道，通过广泛联系，争取更多的支持。

1. 昭告天下，先声夺人 —————— 097
2. 广泛联系，争取支持 —————— 102
3. 私下交谈，化敌为友 —————— 105
4. 诗唱词和，功夫在谈判之外 —————— 109
5. 现身说法，让证据更有说服力 —————— 112
6. 兵临城下，增强威慑力 —————— 116

第五章
情报是获胜的保证

> 情报最容易给对方造成压力，从而有效达到说服对方的目的。从某种意义上说，商业谈判就是在谈判的双方进行的情报博弈。在这场博弈中起重要作用的因素不仅仅有谈判者的口才、素质、公司的实力地位，更重要的是各自所掌握的相关情报。

1. 情报机关不可少 —————— 123
2. 情报骨干要可靠 —————— 127
3. "谍"来"谍"去非常妙 —————— 129
4. 多方搜集才可靠 —————— 131

5. 情报保密要做好 ———— 135

把握进程,掌握火候

> 开展工作讲究艺术,军事斗争讲究艺术,为人处世也讲究艺术,谈判就更需要讲究艺术了。因为谈判本身就是一门科学、一门艺术。完美谈判之中的各个环节都要进行艺术处理,开局阶段尤其如此。

1. 开局:空气甚为愉快 ———— 143
2. 报价:不保守 不激进 ———— 147
3. 磋商:开诚布公,谋求双赢 ———— 150
4. 让步:换个角度提方案 ———— 155
5. 协议:紧紧抓住起草权 ———— 159
6. 实施:纸上得来终觉浅 ———— 161

策略是成功的法宝

> 谈判既靠实力,也要讲究谋略。在谈判中,可能双方都会使用虚实相生的策略,那就更需要在谈判之前做好充分的调查准备。有了充分的准备,就能够对谈判中涉及的各种总是心中有数。所谓知己知彼,百战不殆。谈判中技高一筹、出其所料者,才不易被对方牵着鼻子走。真正的谈判高手,往往能够充分利用各种有利条件,使谈判向着有利于自己的方向发展,最后达成满意的结果。

1. 当斩则斩,当奏则奏 ———— 167
2. 争取中间势力,孤立顽固势力 ———— 171
3. 有理、有利、有节 ———— 176

4. 运筹全局,抢抓枢纽 —— 179

5. 兵无常势,敌变我变 —— 183

6. 活鱼下锅,反客为主 —— 187

7. 你打你的,我打我的 —— 191

8. 快是方针,拖是妙计 —— 194

9. 实则虚之,虚则实之 —— 197

第八章
自信不倒,胜利就在眼前

> "战略上藐视敌人,战术上重视敌人",在商务谈判中同样适用。战略上藐视,是一种谈判桌前的优越感,是在心理上略高于对方一筹;战术上重视,是要争取主动,灵活出招。

1. 战略上藐视敌人,战术上重视敌人 —— 203

2. 多谋善断,机动灵活 —— 207

3. 敢于斗争,善于胜利 —— 210

4. 弥天大勇,处乱不惊 —— 215

5. 不战则已,战则必胜 —— 218

6. 表面强大的对手,往往是纸老虎 —— 223

第一章

放眼全局谋划谈判

　　谈判是一个双方求取共识、集结共同利益、心和心互动的过程。从这个意义上说,谈判是实现总目标的一个重要的手段。

　　在中国共产党发展的历史中,曾多次运用谈判手段,解决了很多棘手的问题。可以说,谈判是中国共产党取得最终胜利的一个重要方法和手段。

谈判是实现总目标的手段

曾任美国谈判学会会长的著名律师杰勒德·I.尼尔伦伯格在他的《谈判艺术》一书中这样论述谈判："谈判的定义最为简单,而涉及的范围却最为广泛,每一个要求满足的愿望和每一项寻求满足的需要,至少都是诱发人们展开谈判过程的潜因。只要人们为了改变相互关系而交换观点,只要人们是为了取得一致而磋商协议,他们就是在进行谈判。谈判通常是在个人之间进行的,他们或者是为了自己,或者是代表着有组织的团体。因此,可以把谈判看作人类行为的一个组成部分,人类的谈判史同人类的文明史一样长久。"

谈判是一个双方求取共识、集结共同利益、心和心互动的过程。从这个意义上说,谈判是实现总目标一个重要的手段。

在中国共产党发展的历史中,曾多次运用谈判手段,解决了很多棘手的问题。可以说,谈判是中国共产党取得最终胜利的一个重要方法和手段。

抗日战争胜利后,蒋介石疯狂抢夺胜利果实,积极准备发动内战。但蒋介石对立刻发动全面内战还心有顾忌。一是经过八年抗战,全国人民普遍期待能和平建设自己的国家,包括民主党派甚至国民党内部的一部分人亦反对战争,要求和平;二是英、美、苏三国都表示不赞成中国发生内战;三是蒋介石的精锐军队在抗战期间大都退到西南和西北地区,要迅速开赴前线一时有不少困难,还需要有一段准备的时间。因此,他一面调兵遣将,一面发动和平攻势,于1945年8月14日、20日、23日连续三次电邀毛泽东到重庆谈判。

为了保卫人民的利益,尽一切可能争取和平,避免内战,或者使内

经过八年抗战,人民渴望和平。图为人们正在拆毁碉堡,准备重建家园。

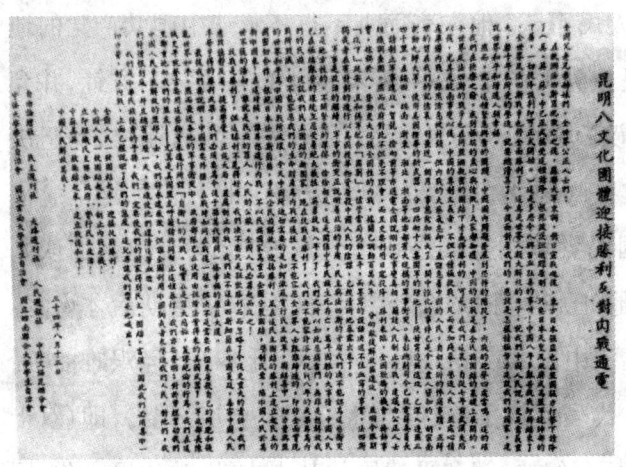

抗战胜利后,许多社会团体纷纷发表通电,呼吁和平,反对内战。图为昆明八个文化团体发出的反对内战,要求和平民主的通电。

战限制在局部范围,或者使全面内战尽可能地推迟爆发,同时,也为了有利于揭穿蒋介石的和平阴谋,有利于团结教育全国人民,中共中央决定派毛泽东、周恩来、王若飞为代表,赴重庆与国民党谈判。8月28日,毛泽东、周恩来、王若飞在美国驻华大使赫尔利、国民党政府代表张治中的陪同下,从延安乘专机赴重庆。在重庆期间,毛泽东就和平建国等问题直接同蒋介石进行多次商谈。有关问题的具体谈判主要在中共代表周恩来、王若飞和国民党政府代表王世杰、张群、张治中、邵力子之间进行。双方代表就一般问题交换意见后,9月3日,中共代表将关于两党商谈的主要问题11项提要交国民党政府代表,主要内容包括:确定和平建国方针,承认各党各派的合法平等地位,承认解放区政权及抗日部队,结束国民党的党治等,并表示拥护蒋介石的领导地位。9月8日,国民党政府代表根据4日蒋介石亲拟的《对中共谈判要点》,对中共的11项提要提出书面答复。蒋介石的方针是:准备在政治上作出一些关于开放民主自由的空头许诺,但一定要在"政令军令统一"的名义下取消解放区和人民军队。他在表面上不得不承认中国共产党的地位，不得不承认各民主党派的地位，不得不承认和平团结的方针，并允诺召开政治协商会议；但对于解放区政权和人民军队的地位，却坚决不予承认。于是，这些问题就成为谈判中双方争论的中心问题。

谈判进行中，国民党调集重兵进攻上党解放区，甚至把参加谈判的国民党代表远调他处，至9月21日，谈判陷于停顿，一星期后才恢复。为使谈判能获得进展，中国共产党先后作过多次让步。历经艰难曲折，10月10日，国共双方代表签订了《政府与中共代表会谈纪要》，即《双十协定》，随即公开发表。《纪要》就和平建国的基本方针、政治民主化、国民大会、党派合作、军队国家化、解放区地方政府等12个问题阐明了国共双方的见解。

重庆谈判和《双十协定》的发表，表明国民党方面"承认了中共的地位"，"承认了各党派的会议"。中国共产党关于和平建设新中国的政治主张被全国人民所了解，从而推动了全国的和平民主运动的发展，同时也揭露了国民党假和平真内战的阴谋，使中共在政治上处于主动。由此可见，运用好谈判这一手段，对于实现最终的目标，其意义是不言而喻的。

谈判这一重要手段在其他行业或企业同样起着至关重要的作用。下面的例子或许更能说明这样的道理。

美国号称汽车业"三驾马车"之一的克莱斯勒汽车公司拥有近70亿美元的资金，是美国第十大制造企业。但自上世纪70年代以来，公司却屡遭厄运，从1970年至1978年的9年内，竟有4年亏损，其中1978年亏损额达2.04亿美元。

在此危难之际，艾柯卡出任总经理。为了维持公司最低限度的生产活动，艾柯卡请求政府给予紧急经济援助，提供贷款担保。但这一请求引起了美国社会的轩然大波,社会舆论几乎众口一词:克莱斯勒赶快倒闭吧。按照企业自由竞争原则,政府决不应该给予经济援助。最使艾柯卡头痛的是国会为此而举行听证会,那简直就是在接受审判。委员会成员坐在半圆形高出地面八尺的会议桌上俯视着证人,而证人必须仰着头去看询问者。参议员、银行业务委员会主席威廉·普洛斯迈质问:"如果保证贷款案获得通过的话,那么政府对克莱斯勒将介入更深,这对你长久以来鼓吹得十分动听的主张(指自由企业的竞争)来说,不是自相矛盾吗?"

"你说得一点也不错,"艾柯卡回答说,"我这一辈子一直都是自由企业的拥护者,我是极不情愿来到这里的,但我们目前的处境进退维谷,除非我们能取得联邦政府的某种保证贷款,否则我根本没办法去拯救克莱斯勒。"

他接着说:"我这不是在说谎,其实在座的参议员们都比我还清楚,克莱斯勒的请求贷款案并非首开先例。事实上,你们的账户上目前已有了4090亿元的保证贷款,因此务请你们通融一下,不要到此为止,请你们也全力为克莱斯勒争取4100万美元的贷款吧,因为克莱斯勒乃是美国的第十大公司,它关系到60万人的工作机会。"

艾柯卡随后指出日本汽车正乘虚而入,如果克莱斯勒倒闭了,它的几十万职员就得成为日本的佣工,根据财政部的调查材料,如果克莱斯勒倒闭的话,国家在第一年里就得为所有失业人口花费27亿美元的保险金和福利金。所以他向国会议员们说:"各位眼前有个选择,你们愿意现在就付出27亿呢,还是将它一半作为保证贷款,日后并可全数收回?"持反对意见的国会议员无言以对,贷款终获通过。

艾柯卡所引述的材料,参议员们不一定不知道,只是他们没有去认真地分析过这些材料。艾柯卡所做的一切只是将议员知道的一切再告诉他们,并让他们真正明白他们所知道的。正是由于艾柯卡有效地运用谈判这一手段,最终顺利获得了贷款,实现了他最初的目的。如果没有"谈判"这一重要的环节,也许艾柯卡的历史将会是另一番景象。

现代社会,人们交往日益频繁,谈判已成为人类活动中一种最普遍的行为,也是实现自己目的的必要手段。人们需要通过谈判来解决问题,需要通过谈判来达到自己的目的,学习掌握谈判的艺术,既是我们取得成功的一个重要的开端,也是我们必须掌握的一种重要的手段。在商务谈判中,在日常生活中,在政治活动中,都能看到大大小小的谈判影子。谈判就像我们生活中的空气,可能并不会时时感觉到它的存在,但它确实无处不在。

谈判必须为完成特定任务服务

谈判是为了达到人们的一个目的或目标,是为了完成特定任务服务,否则只能做无用功,达不到预期的效果。离开了目的与目标,谈判就像是偏离了轨道的卫星,只是一个无用的太空垃圾,没有实际的效用。

1948年9月至1949年1月,中国人民解放军适时抓住战机,发起了与国民党军队的战略决战,并很快取得了决定性的胜利。在中国革命的胜利曙光即将来临之际,蒋介石于1949年元旦发出"求和"声明,表示愿意与共产党进行谈判,以和平方式解决中国内战问题。

尽管战略决战后,人民解放军已经稳操胜券,但考虑到尽早结束战争可以减轻对社会生产的破坏,减少物质财富的损失,减轻人民的痛苦,为了广大人民和中华民族少受战争的祸害,中共中央决定,以最

解放战争已经进入到了战略决战阶段，国民党军事力量已明显处于下风。图为平津前线的解放军部队正加紧修筑工事，国民党守军处在被分割包围中。

大的诚意再次与国民党进行谈判，力争通过和平谈判的方式解决国共之间的争端，让中国人民早日过上和平、稳定的生活。

由于国民党违背全国人民的和平意愿，悍然发动全面内战，多数群众已认清了国民党的反动本质，以民主党派为代表的中间势力也在解放战争的反攻阶段与国民党决裂，与中共并肩战斗。但当时，国内还有一部分人对国民党反动派抱有幻想，对正在进行的战争还有错误认识。在这样的形势下，如果中国共产党不能妥善处理和平谈判问题，就不能真正揭穿蒋介石之流假谈判、真内战的嘴脸。

后来的历史表明，中共中央作出的决策及采取的措施是完全正确的。非如此，则不能达到既定的目的，不能推动总路线与总任务的实现。

谈判的过程是一个要达到既定目的，完成特定任务的过程。在商务谈判中，谈判的目的和任务是明确的。只有抓住了这一点，才能使谈判过程为目的服务。

英国律师纳尔逊和合伙人合作盘下了一座旅馆，需要添置设备，合伙人委托他买电脑。有种型号的电脑正是他们需要的，但是手中的

经过艰苦的谈判,北京实现了和平解放。图为驻守北平的国民党军出城接受改编。

钱不够,与电脑商开价相差很多。纳尔逊先让电脑商把电脑性能详细地说了一遍,并请他本周晚些时候为自己的合伙人再次演示。电脑商甚为高兴,在不经意间透露,自己想在旅店推销这种电脑并逐步打开销路。纳尔逊听后并未有所表示,只是含糊地暗示要是电脑果真如对方所说的那么好用,则的确在这一行可能不乏销路之类。这时,纳尔逊已在心里形成了一个周密的计划了:他得到了电脑商想要推销这种电脑的信息,说明成交只是价格问题,那就努力将价格谈到自己心理的预期价位。一周以后,电脑商演示完了,纳尔逊告诉电脑商,合伙人已原则上同意买下这台电脑,但是成交价规定了一个上限:最多不得超过11500镑。纳尔逊表示:"到了这个钱,就一个子儿也不会再加了。"他还拿出了合伙人会议的记录给对方看,说那是大家的一致决定。纳尔逊遗憾地对对方说,电脑价格是11500镑,加上使用培训费500镑和一年维修费1900磅,加到一起是13900磅,早超过了11500磅的线了;还告诉他,合伙人已指示自己,要找别的厂家看看有没有价格更为合适的电脑。他对对方说,你这种机器的确先进、适用,遗憾的是自己的其他合伙人不大懂行,"这不,下周又约了别的厂家来演示机器了"。电脑商赶紧为自己辩护,说是卖价并未超出限额(还是11500磅),并让步说,机器软件可以免费提供,培训费也可以酌情减少,还说,付款期限也好商量。但纳尔逊在总价不能超过11500磅这一点上寸步不让,还一直表示对这台电脑很是满意,并很遗憾地表示:另找便宜的电脑的确"多此一举",但预算所限自己无能为力。电脑商便向纳尔逊说,还得和上级商量一下才能做出决定。三天后,电脑商打来电话,说是公司愿意以"特别"优惠价10500磅出售,"为了表示对本产品的信心,1900磅维修费也可以推迟一年交付"。但是也有个条件:得允许他们在向其他旅馆推销产品时以你们已经用过作为招揽,并且对"特别"优惠价应予"保密"。

　　首先,这只是一个简单的电脑价格问题的谈判,但是也能充分地体现谈判的目的唯一性。分析此案例,纳尔逊首先为谈判制作了良好的开局。纳尔逊让电脑商详细地介绍了电脑性能并请他为自己的合伙人演示,表明了自己想买电脑的愿望,造成了热烈、积极、友好的开场气氛。这样友好、真诚的气氛淡化和消除了对方的防备心理,于是电脑商错误地透露出自己急于做成这笔生意的愿望,使自己处于不利的地位。而纳尔逊在了解了对方的动机后也不动声色,但在之后的谈判中,牢牢地把握了对方之前的这个失误,利用对方急于做成这笔生意的心理,趁隙击虚,捕捉和创造有利的时机,利用对手的失误,争取到了谈判中的有利地位。即纳尔逊在良好的气氛中使自己在开局中占据主动。

　　在合伙人观看了演示后,纳尔逊及时向电脑商再次表示要买的愿望,但对于成交价格这一关键性问题,表示无法接受。而且这个价格自己不能决定,委托人为自己规定了谈判中务必坚持的条款,并拿出会议记录,增加了这个借口的可信度,营造了自己的谈判地位。在接下来的谈判中,他只需说所做的一切都是奉命而为,以暗示这些条款是不会轻易改变,从而将自己置身事外,使自己在谈判中有回旋的余地,与对方谈起价格来也方便多了。而且他的出价可信,切实而又有余地,从而掌握了谈判的主动权。

在价格无法达成一致时,纳尔逊告诉对方委托人要找别的厂家看看有没有价格更为合适的电脑,并且时间还很紧迫:"这不,下周又约了别的厂家来演示机器了"。说明自己这方选择很多,从而给对方制造竞争对手和紧张的气氛,以形成一定的市场压力,迫使对方向自己开出的价格靠近。

在谈判过程中,纳尔逊虽然很想做成生意,但欲擒故纵,将自己的急切心情掩盖了起来,并保持自己的态度不冷不热,进而抓住电脑商急切的心理,利用其迫切成交的欲望而降低其谈判的筹码。

在最后谈成的结果中,纳尔逊也做出了一点让步,允许对方在向其他旅馆推销产品时以自己已经用过作为招揽,并且对"特别"优惠价应予"保密",但是这些让步都与己方实际利益关系不大。通过自己微小让步换取对方在价格上做出让步,就谈判结果而言,纳尔逊达成了自己的最初的谈判目的,完成了自己的特定任务。

冷静分析错综复杂的利益格局

谈判中涉及多方面的利益,对于这种错综复杂的局面,我们一定要采取冷静的态度,对谈判进行认真分析之后采取相应的策略,决不

能鲁莽行事,图小利坏大局。

西安事变发生后,日本帝国主义企图趁机挑起中国内战。南京国民政府中以何应钦为首的一些人主张进攻西安,借机扩大事态,夺取蒋介石的统治权力。英、美帝国主义及国民党内亲英、美的宋子文、孔祥熙等人则希望事变和平解决,以维护蒋介石的统治地位和英、美在华利益。12月13日,南京国民政府下令褫夺张学良本兼各职。同日,宋子文、宋美龄委托英籍顾问端纳飞西安探视

中共中央书记处为和平解决西安事变给周恩来的指示电。

情况。16日,何应钦就任"讨逆军"总司令,并相应作了军事部署,派飞机轰炸西安邻近地区。这期间,各地军政要员也纷纷派人赴西安活动。

中共中央在对国际国内的政治形势进行认真分析之后,确定了和平解决西安事变的基本方针,主张用和平方式解决西安事变引起的问题,反对新的内战。主张尽一切可能联合南京的左派,争取中派,反对亲日派,以推动南京政府走向抗日。

南京方面于22日派宋子文、宋美龄到西安谈判。周恩来作为中共中央全权代表参加了谈判。他遵照中央的有关指示,与张学良、杨虎城共同商讨了局势,在同南京方面的谈判中,做了大量卓有成效的工作。经过两天的商谈,宋美龄等人代表蒋介石作出"停止剿共"、"三个月后

抗日发动"等几项承诺。12月24日晚,周恩来会见蒋介石,当面向蒋介石说明中国共产党抗日救国的政策。蒋介石表示同意谈判议定的六项条件,允诺"只要我存在一日,中国决不再发生反共内战"。

25日下午,张学良决定释放蒋介石,并亲自陪同蒋介石乘飞机离开西安回南京。一到南京,蒋介石立刻扣留张学良。消息传出后,西安出现动荡不安的局势,东北军中坚决主张联共抗日的王以哲军长被一部分过激分子杀害,内战危险重新出现。周恩来在极端艰难的情况下,坚定而细致地开展工作,巩固了红军和东北军、十七路军的团结,基本上保持了和平解决西安事变的伟大成果。

西安事变和平解决之后,内战在事实上大体停了下来,国共关系逐渐缓和下来,从而开始了国内和平的新时期;西安事变的和平解决对国共两党的再次合作及团结抗日起了重大的推动作用,为抗日民族统一战线的建立准备了必要的前提,成为由国内战争走向抗日民族战

西安事变后,国共两党之间的内战事实上停止了。图为周恩来从西安回到延安时在机场与前来迎接的中共中央领导人合影。右起:萧劲光、林伯渠、彭德怀、周恩来、毛泽东、张闻天、秦邦宪。

争的转折点,成为时局转换的枢纽。

历史的经验给了我们积极的启示。在现代社会的谈判中,冷静的态度是谈判者所必须具备的素质之一。

史蒂夫是爱姆垂旅店董事会成员。旅店的地理位置实在不理想,位于波士顿郊外一个名叫萨默维尔的工业城中,由于处于吵吵闹闹的环境,它绝不是一个理想的住所。不过,旅店也并非一无是处。它的占地面积还是挺大的,有一个一英亩大的庭院。

一位名叫威尔逊的先生来找爱姆垂旅店的经理——彼得斯夫人。威尔逊表示他的公司愿意买下爱姆垂旅店。彼得斯夫人当时回答说,她从来没想过要卖旅店;但是如果价钱合适的话,董事会也许会考虑。威尔逊留给彼得斯夫人一张名片,并告诉她,如果有成交的可能性,他以后愿意继续谈这笔交易。

董事会委派史蒂夫去办理这项有希望的交易。谈判的关键是价格问题,而史蒂夫并不能确定威尔逊的最低保留价格——即威尔逊愿意出的最高价格。史蒂夫花了点时间让自己理清头绪,开始了以下的分析和调查。

第一,旅馆如果作为房产业,在市场上可以卖到的价格。

第二,旅馆如果需要搬迁,所需要的费用。

第三,搬迁到不同的地方需要不同的费用,如何选择。

第四,谈判策略,因为之前他并不是一个谈判专家。

史蒂夫首先通过一次非正式的会晤确认威尔逊是一位有信誉的合法商人。史蒂夫认为,威尔逊的公司想买爱姆垂旅店,可能是想在这里建造公寓。威尔逊希望马上讨论价格问题,而史蒂夫则需要两个星期来做些谈判准备工作。所以他借口说,他需要得到董事会的批准,才能开始实质性的谈判。

在接下来的12天里，史蒂夫做了几件事。首先，他想要确定爱姆垂旅店的保留价格——即卖方能够接受的最高价格。既然保留价格要取决于是否可以找到合适的搬迁地点，所以很难确定下来。史蒂夫得知，在所有以前曾确定的地点中，位于梅德福和位于奥尔斯顿的两个地点还是可以用一个合适的价格得到的。史蒂夫分别和这两块房产的所有人谈过了，他得知：梅德福的那块房地产可以以175000美元的价格买来，奥尔斯顿的那块可以以235000美元的价格买来。

史蒂夫断定，爱姆垂旅店搬迁到梅德福至少需要220000美元，而搬迁到奥尔斯顿则至少需要275000美元。奥尔斯顿的那个地点（需275000美元）比梅德福的那个（220000美元）好得多，而后者又比现在爱姆垂的这个好。所以史蒂夫决定，他的保留价格是220000美元，而且盼望能高一些——足够买下奥尔斯顿那块房地产。

与此同时，史蒂夫的夫人玛丽，与几位房地产经纪人联系过，她想找些其他的地点。有那么几个地点，但是并没有发现任何特别合适的。

史蒂夫下一步又调查了爱姆垂旅店的市场价格。通过考察附近地区的销售价格，以及与本地的房地产经纪人和房地产专家的谈话，他了解到爱姆垂旅店可能大约仅值125000美元。他觉得：如果没有威尔逊参加，它的售价在110000~145000美元之间的概率是0.5，并且售价低于110000美元和售价高于145000美元的可能性是一样的。

威尔逊愿意出的最高价格则很难判断，这不是暂时的策略性行为，而是最终的决断行动。史蒂夫和他的朋友请教了一些房地产专家，还询问了波士顿地区的两家承包商。他们指出，售价的高低很大程度上要取决于这些开发者的意图：能够允许他们在这块地基上建造多高的建筑物以及他们是否还要买别的地基。史蒂夫发现，后一个问题的答案是肯定的。在还有两天就要进行谈判之前，史蒂夫断定，威尔逊的

保留价格是在275000美元至475000美元之间。

做完这样的分析和事先准备,史蒂夫开始了他的谈判旅程。谈判中,得益于史蒂夫最初对谈判价格的分析和调查,对于复杂情况的整理与把握,再加上谈判的诚心与耐心,最后谈判成功,价格为325000美元。爱姆垂旅店通过这样曲折的道路充分满足了自己的需要,实现了从理想转为现实的美妙过程。

在各式各样的谈判中,谈判过程总是错综复杂令人眼花缭乱,也总有各种不同的客观或者主观因素影响谈判的进程。在这样的情形下,需要谈判者冷静地处理各方面的问题,审时度势各层面的状况与事态,对于错综复杂的状态进行理智的分析,把握机会,营造对己方有利的条件和气氛,做出适时的判断和处理。

总任务:谋求共同利益

每次谈判双方都有潜在的共同利益,而共同利益就意味着合作机会。谈判者应该考虑如何将双方的共同利益最大化,寻求可持续性的长远合作和发展。 一味地满足己方的利益,追求己方的"胜利",可能将导致长久的失败——失去再次合作的机会。"己所不欲,勿施于人",真正站在谈判的彼我之间寻找一个双方能够达成共识的焦点,不仅要考虑自己的利益,同时要考虑对方的利益,不仅要考虑眼前的利益,更要考虑合作关系持续发展的价值。因此,真正成功的谈判是寻求双方共同的发展,真正的成功是大成功,这就是"双赢"的真正含义。

20世纪70年代美国总统尼克松对中国的访问是一个双赢的很好范例。尽管当时中美双方的政治歧见多,但两国领导人为了谋求共同

1972年7月21日尼克松一行抵达北京。毛泽东与尼克松举行了历史性会谈。

利益而实现了历史性握手。

1972年2月21日,尼克松一行抵达北京,对中国进行为期7天的历史性访问。访问期间,尼克松总统会见了毛泽东主席,同周恩来总理进行了会谈。双方就国际形势和中美关系等问题交换了意见,着重讨论了印度支那问题和台湾问题。

1972年2月28日,中美双方经过反复磋商,在上海发表了《联合公报》,即著名的"上海公报"。《联合公报》在阐明双方对重大国际问题的各自看法和立场、承认中美两国的社会制度和对外政策有着本质区别后,强调指出双方同意以和平共处五项原则来处理国与国之间的关系。《联合公报》还规定,双方将为逐步开展中美贸易以及进一步发展两国在科学、技术、文化、体育和新闻等领域的联系和交流提供便利;并将通过不同渠道保持接触,包括不定期地派遣美国高级代表前来北京,就促进两国关系正常化进行具体磋商,并继续对共同关心的问题交换意见。

1973年5月,毛泽东、周恩来会见来华访问的基辛格博士。

"上海公报"的发表标志着中美两国关系走向正常化的开始,为以后中美关系的进一步改善和发展打下了基础。

尼克松具有现实主义的外交思想,在他向国会提交的国情咨文中的以下一段话就足以说明问题:

"我们的目标……是用一种稳健的外交政策去维护我们的长远利益。这种政策越是基于对我们的和别人的利益做出现实的评价,将越有利于我们在世界事务中起到作用。我们不要深陷于世界事务中,因为我们没有这个义务;但我们又有责任,因为事实上我们已经深陷其中。我们的利益要求我们必须承担责任,而不是其他。"

尼克松和他的安全事务顾问基辛格对于国际事务有着许多共同的看法,他们都认为,美国、苏联、中国、西欧和日本将成为当代国际关系结构的中心,亦即世界的五极。他们认为,美国对待苏联和中国,不能仅从意识形态的立场出发,而是要以不受第三者干预的双边利益为基础。这是贯穿尼克松执政生涯的基本思路。

为了实现对华政策的突破,尼克松上台以后即从三个方面展开了他的准备活动。一是由基辛格主持内部研究,为政治决策提供依据;二是设法建立与中国联系的秘密渠道,以求直接对华接触;三是逐步放出政策气球,试探国内外的反应。三个方面相辅相成,各自发挥了不同的作用。当尼克松政府在积极地试图打开中国大门的同时,中国对美国的态度也在慢慢地转变。最终,"乒乓外交"为两国关系提供了契机。

尼克松能够实现对华政策的突破,最重要的原因是中美两国有共同利益,那就是共同对付苏联的扩张。同时,双方都希望能够尽快结束越南战争。正是这样的基础为中美新关系的形成创造了条件。除此之外,精心的准备、密切的沟通,特别是双方将台湾问题予以搁置,都是尼克松访华成功的重要因素。

谈判是一个双方求取共识、集结共同利益、心与心互动的过程。谋求共同利益,实现双方共赢是谈判所要完成的总任务。谈判应是互惠互利的,没有胜败之定论,成功的谈判每一方都是胜者,谈判应是基于双方(或多方)的需要,寻求共同最大利益的过程。在这一过程中,每一方都渴望满足直接与间接的需要,但必须顾及对方的需要。

在谈判界有一个广为流传的经典小故事。一位妈妈把一个橙子给了邻居的两个孩子。这两个孩子便讨论起如何分这个橙子。两个人吵来吵去,最终达成了一致意见,由一个孩子负责切橙子,而另一个孩子选橙子。结果,这两个孩子按照商定的办法各自取得了一半橙子,高高兴兴地拿回家去了。

第一个孩子把半个橙子拿到家,把皮剥掉扔进了垃圾桶,把果肉放到果汁机里打果汁喝。另一个孩子回到家把果肉挖掉扔进了垃圾桶,把橙子果皮留下来磨碎了,混在面粉里烤蛋糕吃。

从上面的情形中我们可以看出,虽然两个孩子各自拿到了看似公平的一半,然而,他们各自得到的东西却未物尽其用。这说明,他们在事先并未做好沟通,也就是两个孩子并没有申明各自利益所在。没有事先申明价值导致了双方盲目追求形式上和立场上的公平,结果,双方各自的利益并未在谈判中达到最大化。

如果我们试想,两个孩子充分交流各自所需,或许会有多个方案和情况出现。可能的一种情况,就是遵循上述情形,两个孩子想办法将果皮和果肉分开,一个拿到果肉去打果汁,另一个拿皮去做烤蛋糕。然而,也可能经过沟通后是另外的情况,恰恰有一个孩子既想要皮做蛋糕,又想喝橙子汁。这时,如何能创造价值就非常重要了。

结果,想要整个橙子的孩子提议可以将其他的问题拿出来一块谈。他说:"如果把这个橙子全给我,你上次欠我的棒棒糖就不用还了。"其实,他的牙齿被蛀得一塌糊涂,父母上星期就不让他吃糖了。

另一个孩子想了一想,很快就答应了。他刚刚从父母那儿要了五块钱,准备买糖还债。这次他可以用这五块钱去打游戏,才不在乎这酸溜溜的橙子汁呢。

两个孩子的谈判思考过程实际上就是不断沟通,创造价值的过程。双方都在寻求对自己最大利益的方案的同时,也满足对方的最大利益的需要。

商务谈判的过程实际上也是一样。好的谈判者并不是一味固守立场,追求寸步不让,而是要与对方充分交流,从双方的最大利益出发,创造各种解决方案,用相对较小的让步来换得最大的利益,而对方也是遵循相同的原则来取得交换条件。在满足双方最大利益的基础上,如果还存在达成协议的障碍,那么就不妨站在对方的立场上,替对方着想,帮助扫清达成协议的障碍。这样,最终的协议是不难达成的。

5 总方针：求同存异

谈判的总方针是求同存异，在大的原则性问题上双方尽量取得一致，对于不影响全局的细小差异，可以保留。在香港回归祖国的历史进程中，邓小平提出用"一国两制"的方针解决香港问题并亲自领导了香港问题谈判的整个过程，就是求同存异的经典范例。

1979年3月26日，英国派香港总督麦理浩访华。邓小平明确表示不同意麦理浩提出的在1997年6月后新界仍由英国管理的意见。邓小平说："我们历来认为，香港主权属于中华人民共和国，但香港又有它的特殊地位。香港是中国的一部分，这个问题本身不能讨论。但可以肯定的一点，就是即使到了1997年解决这个问题时，我们也会尊重香港的特殊地位。现在人们担心的，是在香港继续投资靠不靠得住。这一点，中国政府可以明确地告诉你，告诉英国政府，即使那时作出某种政治解决，也不会伤害继续投资人的利益。请投资的人放心，这是一个长期的政策。"①这一谈话成了"一国两制"的"滥觞"或"雏形"。

1981年4月3日上午，邓小平在北京会见来访的英国外交大臣卡林顿。在谈话中，邓小平除了重申对麦理浩讲过的那番话以外，还通报了全国人大常委会1979年元旦发表的《告台湾同胞书》和将要宣布的对台方针的要点，建议英方研究中国对台湾的新政策。他在回答如何继续保持香港稳定和繁荣的问题时指出："他们的生活方式、政治制度不变，这是我们的一项长期政策，而非权宜之计。对这个问题我们可以郑

---

① 《邓小平年谱（1975—1997）》上，第500—501页，中央文献出版社2004年版。

1979年3月29日，邓小平在北京会见香港总督麦理浩爵士一行。邓小平明确表示不同意麦理浩提出的在1997年6月后新界仍由香港管理的意见。

重地说，我在1979年同麦理浩爵士谈话时所作的保证，是中国政府正式的立场，是可以信赖的。可以告诉香港的投资者，放心好了。"①9月30日，叶剑英在一次讲话中，进一步阐明了中国政府关于台湾回归祖国实现和平统一的方针政策："国家实现统一后，台湾可作为特别行政区，享有高度的自治权，并可保留军队。中央政府不干预台湾地方事务。"②这实际上就是"一国两制"。

1984年2月22日，邓小平会见美国战略和国际问题研究中心代表团时指出："世界上有许多争端，总要找个解决问题的出路。我多年来一直在想，找个什么办法，不用战争手段而用和平方式，来解决这种问题。我们提出的大陆与台湾统一的方式是合情合理的。统一后，台湾仍

---

① 《邓小平年谱(1975–1997)》下，第729页，中央文献出版社2004年版。

② 《叶剑英委员长进一步阐明台湾回归祖国实现和平统一的方针政策，建议举行两党对等谈判实行第三次合作》，《人民日报》1981年10月1日。

邓小平多次在不同的场合谈到过，要用"一国两制"的办法来实现祖国的完全统一。图为1982年5月21日，邓小平会见香港知名人士霍英东。

搞它的资本主义，大陆搞社会主义，但是是一个统一的中国。一个中国，两种制度。香港问题也是这样，一个中国，两种制度。"①这是邓小平第一次正式使用"一国两制"这种说法。用他自己的话来讲："我们的社会主义制度是有中国特色的社会主义制度，这个特色，很重要的一个内容就是对香港、澳门、台湾问题的处理，就是'一国两制'。"②

在香港问题谈判的整个过程中，邓小平一直坚持"一国两制"的方针，一个中国，两种制度。在坚持原则的前提下保留差异，求同存异，这是解决香港问题的一个重要方针。

求同存异是在谈判中始终要遵守的原则之一。谈判双方不可能都

---

① 《邓小平年谱（1975—1997）》下，第962页，中央文献出版社2004年版。
② 《邓小平年谱（1975—1997）》下，第1178页，中央文献出版社2004年版。

同时谋得相同的利益,而必须在"求同"的基础上"存异"。

求同:谈判中理想的结局是提出满足双方共同利益的方案,并达成协议。尽管每一次合作都存在着共同利益,但是它们大部分是潜在的,需要谈判者去挖掘、发现,最好能用明确的语言和文字表达出来,以便谈判双方了解和掌握它。

存异:双方多少都会存在利益上、观念上、时间上、物质上的差别,而这些差别就是双方的"异"。比如,一方主要关心问题解决的形式、名望与声誉、近期的影响;另一方则主要关心问题解决的实质、结果和长期的影响。利益上、观念上、时间上的分歧,都可以成为协调分歧的基础。这时,不难找到可以兼顾双方利益、双方都比较满意的方案,谈判自然会获得成功。

要达到求同存异的最大优化,就要在谈判过程中协调双方的利益。协调利益的一种有效方法是指出自己能接受的几种方案,问对方更喜欢哪一种。你要知道的是哪一种方案更受欢迎,而不是哪一种方案能被接受。你可以对那种受欢迎的方案进行再一次的加工,再拿出至少两个以上的方案,征求对方的意见,看看对方倾向哪一种。用这种方法,不再需要决策,你就可以使方案尽可能地包含共同利益。如果把协调分歧总结为一句话,那就是:寻求对你代价低,对对方好处多的东西。而且,当你寻求的方案不被对方接受时,要努力使对方意识到,所确定的方案是双方参与的结果,包含着双方的利益和努力。客观地指出履行方案给双方所带来的结果,并重点指出对双方的利益和关系的积极意义,促使对方回心转意,做出决策。不到迫不得已,不要以威胁的方法警告可能发生的后果,并要对方承担一切责任。谈判者的格言是:在分歧中求生存!

凯胜科技有限公司需要购买50个U盘,采购经理联系了公司主要的供应商——圣翔电脑有限公司,就此次交易进行谈判。两家公司有长

期的业务关系,凯胜公司所有的电脑和相关产品均由圣翔电脑有限公司提供,双方合作非常愉快,凯胜公司短期内没有调换供应商的计划。

凯胜公司希望以市场最低团购价格购买,但又不愿失去一个可靠而又诚信的长期合作商;圣翔电脑公司当然期望利润的最大化,同时对这个长期供货的客户也有所顾忌,担心影响到日后的合作关系。

最终谈判双方签订了合同。两家公司对于双方的出价进行了折中,最终的采购价格略高于凯胜公司的期望价格,但作为补偿,圣翔电脑公司将以成本价格为凯胜公司的电脑进行升级和维护。

在上面的案例中,双方在谈判中形成了较为一致的协议,在求同存异的原则下,很好地处理并解决了双方的分歧。

首先,求同:双方是长期合作的稳定关系,双方在较长时间内都是互惠互利,实现了共同发展。

其次,存异:凯胜公司希望以市场最低团购价格购买,而圣翔电脑公司当然期望利润的最大化。

最后,求同存异:双方对于对方所出的价格进行了折中,既使得凯胜公司的购买价比较理想,又使圣翔公司利润保持了相当水平。关键是双方长期以来的合作稳定的关系得到了巩固。

通过这个案例我们可以看到,在一场谈判完成后双方各有所得,同时也不会影响到下一次的合作。在谈判中,当一方不得不在价格上做出让步时,另外一方就可以在其他方面提供一些补偿。谈判双方立场不同,对利益的价值评估不会完全相同。也许圣翔电脑公司的供货价格是本次谈判的最重要的因素,而凯胜公司更看重的是电脑的售后服务。通过谈判,双方的问题得到了解决,他们都认为自己赢了。

总策略：因时而变，因敌而动

谈判是一个长时间的过程，在这个过程中，情况不是一成不变的，而是时时处于不断的变化之中。这就要求我们在谈判中必须坚持"因时而变、因敌而动"的总策略。

中华人民共和国宣告诞生的消息传到美国，钱学森和夫人蒋英按捺不住内心的喜悦，商量着早日赶回祖国。当钱学森要求回国的意愿遭到美国的无理阻挠时，中国也扣留着一批美国人。其中有违反中国法律而被中国政府拘禁的美国侨民，也有侵犯中国领空而被中国政府拘禁的美国军事人员。那时，美国奉行敌视中国的政策，经常派遣间谍到中国搞颠覆破坏活动。仅1954年11月23日，经中国最高人民法院军事审判庭依法判决的美国间谍就有13人。美国政府急于要回这些被扣押的美国人，但又怕造成承认中华人民共和国的既成事实，不愿意与中国政府直接接触。

1954年4月，美、英、法、中、苏五国在日内瓦召开讨论和解决朝鲜问题与恢复印度支那和平问题的国际会议。出席会议的中国代表团团长周恩来联想到中国有一批留学生和科学家被扣留在美国的事情，便指示中国代表团发言人黄华发表谈话，要求美国政府归还扣留的中国侨民和留学生，并且暗示中国愿意就扣押美方人员问题与美国直接谈判。在这样的局势下，美国政府只得同意与中国代表进行直接谈判。

经过周恩来的批准，中国代表团秘书长王炳南经英国代表团成员杜威廉介绍，于6月5日开始与美国代表、副国务卿约翰逊就两国侨民问题进行初步商谈。美方向中方提交了一份美国在华侨民和被中国拘

1954年4月24日,出席和平解决朝鲜问题和恢复印度支那和平国际会议的中国政府代表团抵达日内瓦。图为中国政府代表团团长周恩来在机场发表书面声明。

禁的一些美国军事人员名单,要求中国给他们回国的机会。为了表示诚意,周恩来指示王炳南,在6月15日举行的中美第三次会谈中大度地作出让步,同时也要求美国停止扣留钱学森等中国留美人员。

然而,中方的要求被美方拒绝了。7月21日,日内瓦会议闭幕。为了不使沟通渠道中断,周恩来指示王炳南与美方商定:自7月22日起,在日内瓦进行领事级会谈。中国政府为进一步表达与美方会谈的诚意,决定释放四名被扣押的美国飞行员。1955年7月25日,中国外交部成立了一个中美会谈指导小组,由周恩来直接领导,组长为章汉夫、副组长为乔冠华。1955年8月1日,中美会谈升格为大使级。

中国作出的高姿态,最终是为了争取钱学森等留美科学家尽快回国。可是在这个关键问题上,美国人却耍赖了。尽管中美双方接触了十余次,但美国代表约翰逊仍然以中国拿不出钱学森要求回国的真实理由为由,不肯答应放钱学森回国。

正当周恩来总理为此焦急时,时任全国人大常委会副委员长的陈叔通收到一封从大洋彼岸辗转寄来的信。打开信封一看,信中署名竟是"钱学森"!在信中,钱学森请求祖国帮助他回国。为了摆脱特务的监视,钱学森把信写在了一张小香烟纸上,通过寄给比利时亲戚的家书夹带给陈叔通副委员长。

面对这样一封意义非同寻常的海外来信,陈叔通深知它的分量。在收到信的当天,陈叔通就驱车前往中南海,将信亲手交给周恩来。周恩来看完信后大喜,并对陈叔通说:"这真是太好了,据此完全可以驳倒美国政府的谎言!"周恩来当即做出周密部署,令外交部火速把信转交给正在日内瓦谈判的王炳南,并指示:"这封信很有价值。这是一个

日内瓦会议期间,周恩来(左一)、王炳南(左三)会见美国电影明星卓别林夫妇。

铁证，美国当局至今仍在阻挠中国平民归国。你要在谈判中用这封信揭穿他们的谎言。"

王炳南遵照周恩来的指示，在8月1日中美大使级会谈一开始就率先发言。王炳南对约翰逊说："大使先生，在我们开始讨论之前，我奉命通知你下述消息：中国政府在7月31日按照中国的法律程序，决定提前释放阿诺德等11名美国飞行员，他们已于7月31日离开北京，估计8月4日即可到达香港。我希望中国政府所采取的这个措施能对我们的会谈起到积极的影响。"可是，尽管中国政府对美方通报了如此充满诚意的好消息，但是在谈到钱学森回国的问题时，约翰逊还是老调重弹——"没有证据表明钱学森要回国，美国政府不能强迫命令"。王炳南见时机已到，便亮出了钱学森给陈叔通的信件，理直气壮地给予约翰逊正面驳斥："既然美国政府早在1955年4月间就公开发表公告，允许留美学者来去自由，为什么中国科学家钱学森博士在6月间写信给中国政府请求帮助呢？显然，中国学者要求回国依然受到阻挠。"在事实面前，约翰逊哑口无言。美国政府不得不批准钱学森回国的要求。1955年8月4日，钱学森接到了美国移民局允许他回国的通知。

周恩来适时启动中美谈判巧妙地利用外交手段为钱学森回国扫清了障碍，使得钱学森以及后来的一大批留学在外的科学家得以踏上回归的旅途，实现了为国效力的心愿。

从钱学森回国事件我们可以看出，谈判是一个变化频繁的过程，需要不断地实时地根据实际情况来改变策略甚至全盘的计划。这就需要谈判者有机敏的反映能力，果断的处理能力以及因时而变的聪慧，根据当地、当时、当事人等多种综合情况做出及时而准确的处理。要做到因时而变，因敌而动。

日本一家著名的汽车公司在美国刚刚"登陆"时，急需找一家美国代理商来为其销售产品,以弥补他们不了解美国市场的缺陷。当日本汽车公司准备与美国的一家公司就此问题进行谈判时,日本公司的谈判代表却因路上塞车迟到了。美国公司的代表抓住这件事紧紧不放,想要以此为由头来争取更多的优惠条件。日本代表此时如果不能适时地做出调整,找出相应的策略,日方就会处于被动的地位,谈判就会失利。而此策略同时必须压制美国人的气势,而又能为己方赢得发言权,变被动为双方的地位平等。

日本公司的代表及时做出了反馈和对策,他站起来说:"我们十分抱歉耽误了你的时间,但是这绝非我们的本意,我们对美国的交通状况了解不足,所以导致了这个不愉快的结果,我希望我们不要再为这个无所谓的问题耽误宝贵的时间了,如果因为这件事怀疑到我们合作的诚意,那么,我们只好结束这次谈判。我认为,我们所提出的优惠代理条件是不会在美国找不到合作伙伴的。"

日本代表的一席话说得美国代理商哑口无言,美国人也不想失去这次赚钱的机会,于是谈判继续顺利地进行下去。日本代表的这种策略可谓是强硬,并借机制造了己方的心理优势,阻止了谈判对手刻意营造的低调气氛,使之走向自然气氛或高调气氛,保证谈判向预期的方向进展。

第二章

重在谈判前,准备是关键

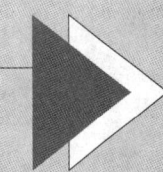

　　谈判是双方心理素质的较量,也是谈判技巧、专业知识与信息收集能力的较量。谈判过程充满了变数和陷阱,唯有准备充分,方能心中有数,并由此再上升到胸有成竹,胜券在握。只有做好谈判前的准备,才能在谈判中应对自如,不会被对手牵着鼻子走。才能发挥己方的优势,达成满意的谈判结局。

不打无准备之仗,不打无把握之仗

要进行一次成功的谈判,必须做好必要的准备工作。"凡事预则立,不预则废",讲的就是这个道理。各方为谈判进行一系列筹划、酝酿工作的过程,就是我们所说的谈判的准备阶段。**谈判能否获得满意的成果,往往取决于准备阶段的筹措谋划工作是否充分**。作为一名优秀的谈判者,必须注意谈判准备阶段的每一项细微的工作,而谈判的整体方案也是在这一个阶段中运筹产生的。

充分细致的准备工作是中国共产党经历的历次谈判取得成功的一个重要因素。

1935底到1936年初,陕北苏区的实际控制区主要在保安、安塞和瓦窑堡一带,周围稍大些的县镇,差不多都在国民党军队的控制之下。其中,最具威胁的是沿着洛川、高县、甘泉和延安一线直接深入到陕北苏区中心地区的以王以哲为军长的东北军第六十七军。中共中央当时已经开始考虑对东北军开展统战工作。为了打开西北"剿总"代总司令张学良这个突破口,中共中央做了大量的准备工作。

在一次进攻甘泉的战斗中,彭德怀派归顺红军的原前东北军六十七军一〇七师六一九团团长高福源前往甘泉现身说法,劝告守军指挥官放弃抵抗,实行火线起义。高福源刚刚到达甘泉,就通过守军电台得知,王以哲军长要他速往洛川六十七军军部一谈。在洛川,高福源不仅见到

红军与东北军改善关系的关键人物之一:东北军第六十七军军长王以哲。

王以哲,张学良还亲自驾飞机来与他谈话。张学良表示,愿意亲自与中共方面的全权代表就共同抗日问题进行商谈。毛泽东等中共中央领导人认真分析了张学良的表态,认为张学良与蒋介石不一样,国民党内

东北军第六十七军军部旧址,李克农与王以哲曾在此秘密会晤。

经过了事先的充分准备,周恩来与张学良成功地举行了秘密会谈。图为会谈地点:延安天主教堂。

部的矛盾可以利用,同意举行和谈,并决定由中共中央联络局局长李克农随高福源去洛川,就此引出了洛川会谈的重要一幕。这也可以说是西安事变最早的导火索之一。

由以上的例子我们可以看出准备工作对于谈判的重要性。谈判是双方心理素质的较量,也是谈判技巧、专业知识与信息收集能力的较量。谈判过程充满了变数和陷阱,唯有准备充分,方能心中有数,并由此再上升到胸有成竹,胜券在握。只有做好谈判前的准备,才能在谈判中应对自如,不会被对手牵着鼻子走。才能发挥己方的优势,达成满意的谈判结局。

谈判之前的准备工作大体分两步:一是要理清自己的思路,把谈判要点写出,以防遗忘。二是要做好物质准备。包括收集、整理有关文件、资料、信息以及谈判场所的选定。

1982年,石家庄市第三印染厂准备与联邦德国卡佛公司以补偿贸易形式进行为期15年的合作生产,规定由外方提供黏合衬布的生产工艺和关键设备。该工艺包含了大量专利。初次谈判时,外方要求中方支付专利转让费和商标费共240万马克。石家庄市第三印染厂厂长马上派人对这

些专利进行了专门调查,发现其中的主要技术——"双点涂料工艺"专利的有效期将于1989年到期失效。在第二轮的谈判中,中方代表摆出这个证据,提出降低转让费的要求,外商只得将转让费降至130万马克。

还有一个例子。我国某厂家与美国的一家公司谈判设备购买生意时,美商报价218万美元,中方不同意,美方降至128万美元,中方仍不同意。美方诈怒,扬言再降10万美元,118万美元不成交就回国。中方谈判代表因为掌握了美商交易的历史情报,所以不为美方的威胁所动,坚持要美方再降价。第二天,美商果真回国,中方毫不吃惊。几天后,美方代表又回到中国继续谈判。中方代表亮出在国外获取的情报——美方两年前以98万美元将同样设备卖给匈牙利客商。情报出示后,美方以物价上涨等理由狡辩了一番后将价格降至合理幅度。

从这两个例子中,我国的两家工厂正因为在谈判前作了充分的准备,掌握了对方的关键情报,才能在谈判中胸有成竹,不为对方的表演所欺骗,顺利赢得谈判。这至少说明,从某种意义上讲,谈判竞争实际上就是准备工作的竞争。准备工作的好与坏,直接影响着谈判的最终结果。

优势而无准备,常处被动

毛泽东在其军事名著《论持久战》中对于优势和劣势有这样的阐述:优势而无准备,不是真正的优势,也没有主动。错觉和不意,可以丧失优势和主动。错觉是什么呢?"八公山上,草木皆兵",是错觉之一例。"声东击西",是造成敌人错觉之一法。在具备了优越的民众条件,足以封锁消息时,采用各种欺骗敌人的方法,常能有效地陷敌于判断错误和行动错误的苦境,因而丧失其优势和主动。"兵不厌诈",就是指的这件事。什么是不意？就是无准备。优势而无准备，不是真正的优势，也没有主动。懂得这一点，劣势而有准备之军，常可对敌采取不意的攻势，把优势者打败。我们说运动之敌好打，就是因为敌在不意即无准备中。这两件事——造成敌人的错觉和出以不意的攻击，即是以战争的不确定性给予敌人，而给自己以尽可能大的确定性，用以争取我之优势和主动，争取我之胜利。

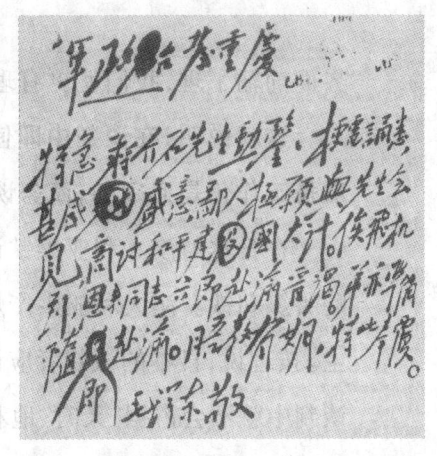

1945年8月24日，毛泽东为赴重庆谈判致蒋介石的电报。

1945年的重庆谈判，从制约谈判实力的各种因素分析，一开始国民党是占有很大优势的。首先，当时中国政治发言权的大小主要是由军队的实力来决定的，而中国共产党的军队无论在人数上还是在装备上都落后于国民党。其次，这次谈判是在国民党的地盘上进行的，国民党随时能将共产党置于不利地位。谈判之前，蒋介石断定毛泽东不敢亲赴重庆谈判，恐怕也是想到了这一点。

正是由于国民党认为中共领袖不会来重庆参加谈判，所以他们也就没有提前做什么准备。可令他们想不到的是，8月28日，毛泽东竟亲率中共谈判代表在张治中、赫尔利陪同下乘专机抵达重庆。毛泽东等到达重庆，受到各阶层民众的热烈欢迎，在国内外引起巨大反响。这让国民党多少有些措手不及，他们的部署被打乱了。再加上中国共产党提前做了精心准备，在谈判过程中，成功运用了恰当的策略弥补了谈判综合实力的不足，让本来占优势地位的国民党在谈判过程中处于了被动地位。

对于重庆谈判的意义，毛泽东指出："谈判的结果，国民党承认了和平团结的方针。这样很好。国民党再发动内战，他们就在全国和全世界面前输了理,我们就更有理由采取自卫战争,粉碎他们的进攻。"

这就说明,**在谈判中即使己方已经占据优势,仍然不能松懈,提前准备工作仍是必须的,商务谈判更是如此。**

在日本与澳大利亚煤铁谈判中,日本的钢铁和煤炭资源短缺,渴望购买煤和铁。澳大利亚生产煤和铁,并且在国际贸易中不愁找不到买主。按理说,日本的谈判者应该到澳大利亚去谈生意。这样处于异地,在谈判中就不会占据"天时、地利、人和"中"地利"这一关键因素。日本人意识到这样对己不利,总是想尽办法把澳大利亚人请到日本去谈生意。

原来,日本人了解到,澳大利亚人一般都比较谨慎,讲究礼仪,而不会过分侵犯东道主的权益。澳大利亚人到了日本,使日本方面和澳大利亚方面在谈判桌上的相互地位就发生了显著的变化。澳大利亚人过惯了富裕的舒适生活,他们的谈判代表到了日本之后不几天,就急于想回到故乡别墅的游泳池、海滨和妻儿身旁去,在谈判桌上常常表现出急躁的情绪;而作为东道主的日本谈判代表则不慌不忙地讨价还价,反倒掌握了谈判桌上的主动权。结果日本方面仅仅花费了少量款待作"鱼饵",就钓到了"大鱼"。日本人在了解了澳大利亚人恋家的特点之后,宁可多花招待费用,也要把谈判争取到自己的主场进行,并充分利用主场优势掌握谈判的主动权,使谈判的结果最大限度地对己方有利,取得了大量到对方谈判所难以获得的东西。

在这类谈判中,澳大利亚作为卖方市场,面对极需资源的日本,可以说占尽了上风。但在这样有利的形势下,他们却没有完善的准备。反而是日本人搜集了大量有关信息,利用澳大利亚人恋家的特点,将谈判争取到日本进行,掌握了谈判的主动权。可见,在谈判中,人们应时刻保持警惕,决不能因为己方一时的优势而大意。无论什么样的形势,充分的准备工作都应是谈判中的重中之重。

处于劣势而有准备,常能取胜

在谈判中,己方居于劣势,并不意味着谈判一定会吃亏。如果有充分的准备,通常仍会取得成功。

中国政府在中法建交谈判中的表现就充分说明了处于劣势而有准备,常能取胜这样一个道理。

1963年,法国总统戴高乐派法国参议员、前总理埃德加·富尔出访中国,希望同中国建立正常的外交关系。当时新中国的外交形势非常不利,美国实行孤立中国的政策,国际上的反华势力正大肆鼓吹"两个中国"。西方大国尚无一个国家与新中国正式建立外交关系,法国是第一个正式要求建交的西方大国。因此,在中法谈判中,中国政府相对而言处于下风。面对这种相对不利的形势,在周恩来总理主持下,中国外交政策的核心层在广泛收集整理有关信息,缜密地分析了各种有利与不利因素的基础上,得出以下四个方面的认识:

第一,法国是西欧大陆的重要国家,通过与法国建交,我们可以从美帝国主义的包围圈中打开一个缺口,扩大我国同西欧国家的政治、经济联系,对我国打破美国的封锁,反对苏联的控制,挫败帝国主义和国际反华势力妄图孤立包围反对我国的阴谋十分有利。

第二,中法建交有利于最大限度地孤立和反对美帝国主义。

第三,戴高乐奉行维护民族独立和国家主权的政策在西方世界具有代表性,支持这一政策既表明了我国的一贯立场,又有助于打破超级大国对国际事务的垄断。

第四,如果法国以其他形式和手法搞"两个中国",我们要旗帜鲜

1973年9月,周恩来在首都机场欢迎来华访问的法国总统蓬皮杜。

明地加以反对和揭露,即使法国政府由于内外原因和某些困难一时难以就中法两国正常外交关系与我国达成最后协议,但这样做可以引导中法两国关系朝健康的道路发展,并为以后尽快地建立两国正常外交关系奠定良好的基础。

在做了充分的准备和分析之后,中国政府决定积极回应戴高乐总统同中国发展良好关系的姿态,积极推动中法建交。毛泽东主席和刘少奇主席分别会见了富尔,周恩来总理和陈毅副总理兼外长单独或共同与富尔先后在北京、上海等地会谈了多次。

在谈判中,富尔作为戴高乐总统的特使代表,在台湾问题上采取含含糊糊的态度,实际上是企图以变相的"两个中国"方案为筹码与我国讨价还价。周恩来通过几次试探,得知法国奉行独立政策,并不受美国的控制,便在谈判中明确了我方态度,要求法国断绝同台湾当局的关系,同新中国政府交换大使,正式建交。这就坚持了自己的立场,把主动权完全掌握在我方手中。

通过几次会谈,法国态度逐渐明确,表示不支持"两个中国"的主张,但对于完全与台湾当局断交还有犹豫。对此,11月1日,周恩来总理提出一个新的方案:(1)法国政府直接同中国政府提出照会,承认中华人民共和国政府,并建议中法两国立即建交,互派大使。(2)中国政府复照表示,中华人民共和国政府作为代表中国人民的唯一合法政府欢迎法国政府的来照,愿意立即建立外交关系,互派大使。(3)双方相约同时发表上述照会,并立即建馆,交换大使。这一公开行动也表明中法双方对以下三点达成默契:(1)法国政府只承认中华人民共和国为代表中国人民的唯一合法政府,不再承认在台湾的所谓"中华民国政府"。(2)法国支持中国在联合国的合法权利和地位,不再支持所谓"中华民国政府"在联合国的代表权。(3)中法建交后,在台湾撤回它驻法国的"外交代表"及其机构的情况下,法国也相应的撤回它驻在台湾的外交代表及其机构。对于这样一个既有原则性又有高度灵活性,既合情又合理的方案,法方再无异议。1964年月1月27日,中法两国发表联合公报,正式宣布建立外交关系,并在三个月内任命大使。自此,中国政府同西方国家的关系有了重大的突破。中法建交后,意大利、加拿大、比利时、葡萄牙等西方国家相继表示愿意同我国讨论建交问题,一直摇摆不定的英国也不得不考虑在对华关系问题上迈出实质性的步伐。

中法建交谈判的成功充分证明了准备工作的重要性,即使暂时居于劣势,能有充分的准备也照样会取得谈判的成功。

商务谈判中也常常会有这样的现象。有的时候,在谈判中处于不利形势的一方,并不意味着就会失败。只要完善谈判之前的准备工作,仍然会取得成功。准备工作对任何谈判都是至关重要的,当你比对手年轻、缺乏经验时更是如此。

在某次商品交易会上,中方外贸部门与一客商洽谈出口业务。在第一轮谈判中,客商采取各种招数来摸中方的底,罗列过时行情,故意

压低购货的数量。中方立即中止谈判,搜集相关的情报,了解到日本一家同类厂商发生重大事故停产,又了解到该产品可能有新用途。在仔细分析了这些情报以后,谈判继续开始。中方根据掌握的情报后发制人,告诉对方:我方的货源不多;产品的需求很大;日本厂商不能供货。对方立刻意识到中方对这场交易背景的了解程度,甘拜下风。在经过一些小的交涉之后,乖乖就范,接受了中方的价格。

上面的例子中,中方的外贸部门在处于劣势的情况下,第一反应是收集相关资料,了解了交易的背景和对方公司经营中出现的问题,后发制人,一举扭转了僵持的局面,掌握了谈判的主动权。因此,劣势并不可怕,谈判成功的关键在于前期的准备工作。处于劣势而有准备,常能取胜。

知己知彼,把握时机

孙子兵法中有句名言:"知己知彼,百战不殆"。**一次成功的谈判,前期的知己知彼过程显得尤为重要**。磨刀不误砍柴工,漫长的谈判需要更为漫长的准备,其中信息的收集是谈判前重要的一项工作。信息的收集程度往往决定了谈判的结局。很多谈判代表常常输在起跑线上,却浑然不知。唯有准确把握对手及其所代表利益集团的情况,最大限度地掌握有效资讯,仔细分析对方的优点与劣势,真正做到知彼才是谈判成功的有力保障。

中国共产党正是有效地运用了知己知彼这一策略,才取得了朝鲜停战谈判的成功。

抗美援朝战争进行到1951年5、6月间,经过连续5次战役的激烈较量,战争逐步陷入胶着状态。此时,美军已经不可能吞并朝鲜并将战火

1951年6月,毛泽东会见了朝鲜劳动党总书记金日成,同他具体商谈了停战谈判的方案。

烧到中国大陆了。这种局面,是完全出乎美国政府预料的。

1951年5月,美国国家安全委员会向杜鲁门总统提出建议:争取用"谈判方式"解决朝鲜问题。这个建议很快便得到杜鲁门的批准。5月31日,美国国务院外交顾问、前驻苏联大使凯南,非正式地拜会了苏联驻联合国代表马立克,表示美国政府准备与中国讨论结束朝鲜战争问题,愿意恢复战前状态。

苏联政府及时向中国政府通报了有关情况,毛泽东敏锐地把握住了这个历史契机。6月3日,毛泽东会见了专程从朝鲜来到北京的金日成,同他具体商谈了停战谈判的方案。商谈正是在知彼知己的情况下进行的。

知彼:在为时一年的侵朝战争中,美国付出了8.8万余人伤亡的惨重代价,其兵员伤亡和军费消耗都比它在二战第一年中的损耗多出一倍,约相当于其整个二战时期全部损失的三分之一。即使这样,仍然无法改变他们在军事上不能取胜的局面。同时,面对国内日益高涨的反战、厌战情绪和统治集团及其盟国内部的矛盾分歧,美国人开始谋求停战谈判,以便从朝鲜战场这个"无底洞"中尽快脱身。

知己:为了使和平的可能变为现实,我方必须要以雄厚的实力做后盾,如何巩固第五次战役的胜利成果、进一步提高中国人民志愿军和朝鲜人民军的作战能力,成为毛泽东关注的一个大问题。6月11日,毛泽东致电彭德怀,指出:(1)要以积极防御的方法,坚持铁原、平康、伊川三道防线,不使敌人超过伊川线;(2)迅速补充三兵团、十九兵团至每军4.5万人,并加强训练;(3)十三兵团停止休整;(4)加强各军师火力,特别是反坦克反空军炮火;(5)迅速修通熙川至宁远、德川的公路至少一条,最好两条;(6)在熙川、德川和孟山地区囤积相当数量的粮食,以备万一之用。同时,毛泽东要求彭德怀对"三八线"的防御及时作出部署:一方面加强防御阵地第一线的兵力,防止敌人大规模进攻;另一方面加强侧后方的兵力,防止敌人从朝鲜半岛的蜂腰部东西两岸突然登陆。

一方面准备与美军谈判,另一方面也决不放松自己的警惕。图为志愿军某部指挥机关研究作战方案。

6月30日,"联合国军"总司令李奇微奉美国政府之命发表声明,表示愿意同朝鲜人民军和中国人民志愿军举行和谈。同时提议,将会谈地点设在停泊于元山港的一艘丹麦军船上。7月1日,金日成和彭德怀联名回应李奇微:同意举行停战谈判。但建议将谈判地点设在"三八线"以南的开城地区。至此,经过双方的共同努力,朝鲜停战谈判的举行业已水到渠成。在其后的漫长时间里,经过双方谈谈打打、打打谈谈、反复多次的较量,1953年7月27日上午10时,朝鲜停战协定在板门店签字。至此,历时3年的朝鲜战争结束了。

在商务谈判中,知己知彼也是非常重要的。谈判前的知彼很重要,唯有对对手的情况一清二楚,才能够在谈判过程中了解对方的企图,找出相应的对策。知彼包括的含义是多方面的,竞争对手的信息以及客户的信息和真实需求、谈判对手的真实信息。知彼的意义在于深入了解对方的劣势,并在谈判的过程中将其放大,用以打击对手的自信心或者抵消他的优势。

知己和知彼同样重要。一个谈判者尚不能对自身有一个准确的了解,或者谈判对手对你的了解比你对自身的了解更精准,这将会导致你在谈判过程中处于被动的位置。这就要求,谈判者应该准确了解自身的优劣势,合理提炼自身优势,并在谈判过程中充分展现,尽可能让优势闪光,掩盖自身的劣势为自己赢得主动权。

帕尔曼致力于网络电视领域业务,公司争取到了种子基金,开发出了比较成型的产品,也已经构建起了自己的组织团队,但此时帕尔曼的现金流出现了危机。在这种情况下,帕尔曼须要和一大堆潜在的生意伙伴举行谈判,包括风险投资商、"天使"投资人和业界合作伙伴(作为潜在的资金来源渠道);消费类电子公司、网络服务提供商(ISP)和内容提供商(可能的盟友及合伙人);机顶盒生产商以及批发和零售分销商等等。眼看着自己前途大好的事业正陷入困境,帕尔曼接下来的谈判似乎应该跟风险投资公司拉资金。然而帕尔曼清楚,在当时的情况下,尽管风险投资商可能愿意向他的新公司投放少量资金,但他们都相当审慎。于是,帕尔曼从自己的风险投资目标来逆向筹划,推导出如果能与一家消费类电子行业的翘楚结成伙伴,网络电视对风险投资商的吸引力和价值就会得到大大提升。于是,他首先选择向索尼公司推广自己的产品,一开始被索尼回绝了。他随即与飞利浦公司洽谈成功,并利用所签合约进一步与索尼达成了补充协议。有了索尼和飞利浦入伙,帕尔曼可以坐下来洽谈风险投资了——当然此时的价码已经飙升。手握这笔宽裕的资金,再来与生产商、批发和零售商、内容提供商、ISP以及国外的盟友拍档们逐个理出头绪,签下协议——乃至于最终将自己幼小却正茁壮成长的企业作价4.25亿美金卖给微软公司,对帕尔曼来说都显得轻而易举了。帕尔曼的例子,说明了在谈判中清楚己方的目标、实力,形成一个有效构思的谈判"进攻路线图",对于最终实现预期的目标是非常重要的。

孙子兵法讲,知彼知己,百战不殆。战争的结果一般出现在没有开战之前,常胜将军早已经把方方面面的信息掌握得非常透彻,胜券早在掌握之中了。此所谓"胜者先胜而后求战,败者先战而后求胜"。可见,掌握信息是非常非常的关键。

掌握信息需要恰当的手段,不能用直接的方法,只能用巧妙的方式去刺探,用看似不经意的方式去问,去发掘。优秀的谈判者,把本行业的所有竞争对手的定价、服务方式、人员构成情况、销售数额、市场公关手段、推广方式、甚至在什么地方办公、宣传册子是什么样子的、公司内部的报告和资料、数字方面如何作假的、客户的组成情况、从什么地方发掘客户的、用什么方式发掘客户的、客户和他们的关系如何、公司的成立历史、创始人的背景、公司内部股权分布情况等等,了解得清清楚楚。既清楚自己的优劣势,又能够把对手的情况掌握得这么清楚,岂有打不赢仗的道理?

5
拿出方案抓先机

时机是一个巧妙的东西。时机对,谈判事半功倍;时机不对,即便做了最大的努力也可能会导致失败。所以对于谈判者来说,时机意味着第二次生命,看你有没有抓住它。而要抓住时机,就必须要有相应的方案和计划,以便夺取全面的"胜利"。

20世纪70年代,为了中日邦交正常化,中日两国政府间进行了多次谈判。

事情的起因可以说是中美两国为实现邦交正常化而进行的接触。中美之间的接触给日本以很大的冲击,日本各界要求与中国改善关系的呼声很高。日本首相田中角荣内心倾向于中日关系正常化,但考虑到国内反对与台湾断交的势力等种种不利因素,又犹豫不决。针对日本政府的这种态度,周恩来总理采取了一系列有效的措施,顺利推动了中日建交谈判的进行。

一是先发制人。1972年2月,中国政府派出了一支200多人的上海芭蕾舞团访日,通过文化交流,烘托出中日友好的气氛,掀起了一波又一波中日友好的热潮。同年7月25日,日本公明党委员长竹入义胜访华。在欢迎宴会上,周恩来总理取出中方草拟的《中日联合声明草案》,请竹入义胜转交给田中首相。这个草案把田中所担忧的中日之间的棘手问题逐一妥善解决了。看到这份草案,田中首相明确提出要到中国

1970年至1971年间,周恩来会见了日本各方面的访华人士。图为1971年周恩来会见日本友人。

商谈中日邦交正常化。

二是精心准备。1972年9月25日,周恩来总理在北京迎接日本内阁总理田中角荣。在欢迎田中首相的国宴上,周恩来特意安排军乐队演奏了田中首相喜爱的日本歌曲《佐渡小调》《樱花樱花》等,使得田中首相有一种宾至如归的感觉,缓解了他的紧张情绪。周恩来总理在欢迎宴会上的讲话,先是称赞田中首相访华"揭开了中日关系史上新的一页"。接着,引用了"前事不忘,后事之师"的古训,强调要牢记历史上的教训,着重讲到"饮水不忘掘井人"的道理,并明确指出,中日关系是民间外交和官方外交相辅相成的关系。

中日邦交正常化谈判虽然一波三折,但在双方外交官员的共同努力下,最终顺利签署了《中日联合声明》。紧接着英国、荷兰、希腊、澳大利亚也先后与中国建立了大使级外交关系。

方案对于一个谈判来说,意味着有一个总的指导和总的方针,方案是前期思想的结晶,是前期工作的汇集,是系统,是升华,而在适当的时机提出方案,才能在谈判中掌握先机,处于主动地位。提出方案抓先机,是朝鲜谈判取得成功的一个前提。

在日常的商务谈判中,提前做好准备,特别是准备好自己的方案,也是我们应该学习借鉴的一个重要策略。

江西省某工艺雕刻厂原是一家濒临倒闭的小厂,经过几年的努力,发展到产值200多万元的规模,产品打入日本市场,战胜了其他国家在日本经营多年的厂家,被誉为"天下第一雕刻"。有一年,日本三家株式会社的老板同一天接踵而至,到该厂订货。其中一家资本雄厚的大商社,要求原价包销该厂的佛坛产品。这应该说是好消息。但是该厂并没有见"利"忘"智",而是对于当时出现的这种情形进行了系统而精细的分析和调查。该厂想到,这几家日本株式会社原来都是经销韩国、台湾地区产品的商社,为什么争先恐后、不约而同到本厂来订货?他们查阅了日本市场的资料,分析了日本市场的各种情况,最后得出结论:原来本厂的产品所用木材质量上乘,技艺高超是吸引外商订货的主要原因。这是一个很好的契机,该厂适时地提出了对应的谈判方案与计划。在方案方面,该厂采用了"待价而沽"、"欲擒故纵"等谈判策略。先不理日本的大商社,而是积极抓住另外两家小商社求货心切的心理,

1972年9月22日,中日两国在北京签字,宣布从即日起建立大使级外交关系。图为双方签字后互换文本。

把佛坛的梁、榴、柱，分别与其他国家的产品做比较。在此基础上，该厂将产品当金条一样争价钱、论成色，使其价格达到理想的高度。首先与小商社拍板成交，造成那家大客商产生失落货源的危机感。那家大客商不但更急于订货，而且想垄断货源，占据整个市场，于是大批订货，以致订货数量满足了该厂几年的生产量。

分析该厂的谈判策略，在谈判开始时，对谈判对手提出的关键性问题不做彻底的、确切的回答，而是有所保留，加之给对手营造紧张感。分析当时谈判对手求货心切，先在货比货上做足文章，让客商大大折服：产品确实好。其次，是巧于审势布阵。先与小客商谈，并非疏远大客商，而是牵制大客商，促其产生将要失去货源的危机感，让客商产生更紧迫的购买产品的感觉，吸引对手步入对己方有利的谈判，使谈判按照自己的预想轨道进行。这样，不仅使产品的价格有所提升，而且在订货的数量上有更大的收获。

精选骨干好迎敌

谈判主体可以是一个团体，也可以是单个的人，但首先表现为具体的个人。当然，在一次谈判中，有各种类型的谈判者。由于他们在谈判中的地位、任务、工作性质和职责不同，对他们的要求也有所差别。但不论哪种类型的谈判人员，都应具备相应的素质。**只有正确选择合格的参与人员，才能保证谈判顺利进行。**

在朝鲜停战谈判来临之际，毛泽东早已料定这场谈判不同寻常，其激烈程度绝不会亚于战场上的殊死拼杀。朝中方面的声明一发表，毛泽东便和周恩来一道紧张地忙碌起来。他们商议后决定，由志愿军副司令员邓华、参谋长解方作为彭德怀的代表,出席谈判会议;同时从国内派出由外交部副部长兼中央军委情报部部长李克农,率停战谈判工作组立即赴朝鲜,由对国际问题颇有研究且文思敏捷、才华横溢的乔冠华,作为李克农的主要助手一同前往。

经过紧张的筹备,7月5日,包括外交、秘书、机要、警卫等各方面人员参加的赴朝谈判工作组,在李、乔的率领下从北京启程,于6日凌晨到达金日成新近设立的作战指挥部所在地——平壤东北约15公里处的根地里。

邓华(左)、解方(右)与李克农(前)在志愿军停战谈判代表团驻地合影。

在此前的7月2日午夜时分,毛泽东致电彭德怀,要彭对"三八线"的防御及时作出部署:一方面加强防御阵地第一线的兵力,防止敌人大规模进攻;另一方面加强侧后方的兵力,防止敌人从朝鲜半岛的蜂腰部东西两岸突然登陆。因为当时美方曾声称:和谈并不意味着立即休战;在停战协议签署前,将不会停止对抗行动。美国政府还授权李奇微,在谈判期间可以进行陆地、两栖、空海作战,以支持谈判。

7月4日,毛泽东指派柴成文为中国人民志愿军联络官,并要求金

参加停战谈判的中朝代表。左起：解方、邓华、南日、李相朝、张平山。

日成指派一名人民军军官以"上校名义"任首席联络官,另指派一名军官以"中校名义"为联络官。当日,金日成即指定人民军司令部动员局局长张春山(原名金昌满)少将,以"上校"名义为中朝方面首席联络官,另派金一波为"中校"联络官。

在与朝方商定后,朝中谈判代表团的名单很快便确定了下来:中方代表为中国人民志愿军副司令员邓华、参谋长解方;朝方代表为朝鲜人民军总参谋长南日和李相朝、张平山。与此同时,为了加强对朝中谈判代表团的统一领导,毛泽东在征得金日成同意后,组成了一个由李克农、乔冠华和朝中谈判代表参加的小组会议,由李克农主持。

7月7日凌晨,朝中代表团成员及其联络官等相关人员抵达开城。之后,他们便与朝鲜当地党政组织一道,选择谈判地址、双方代表团驻地和休息位置。最后,确定将市区西北约两公里的来凤庄作为谈判地点。

7月8日上午9时,谈判双方联络官召开第一次会议,就谈判前的各项问题进行磋商,确定正式谈判的第一次会议于7月10日上午在来凤庄举行。从此,小小的来凤庄名声大振,停战谈判的消息从这里传向四面八方,从前鲜为人知的一个小村庄,开始在世界地图上有了它的坐标。

7月10日上午10时,停战谈判在来凤庄正式开始。谈判大厅里,双方谈判代表在一张长方形的条桌两侧相对而坐,一场旷日持久的马拉松式谈判,就这样拉开了帷幕。由于中朝方面做了大量的前期准备工作,特别是准备好了切实可行的谈判方案,从一开始,便牢牢把握住了停战谈判的主动权。

选好谈判代表,在商务谈判是显得更加重要。

据2007年8月30日《密尔沃基哨兵日报》消息,易建联和密尔沃基雄鹿正式签约,持续了一个夏天的纷争终于尘埃落定。可以说这是一场没有硝烟的战争,双方在看似平静的表面下斗智斗勇,最终迎来了一个皆大欢喜的结局。在双方谈判的过程中,许多人发挥了重要的作用,其中一位华裔女律师更是使谈判能够顺利完成的重要人物。

这位女律师名叫做朱莉·李,是密尔沃基当地的华裔居民。她1991年毕业于北京大学,随后赴美国西北大学深造,毕业后留在密尔沃基的弗利兰德尔律师事务所工作。她还是密尔沃基当地华人商会的重要成员,拥有十分出众的谈判技巧。她中文普通话标准,英语也是十分流利,除了精通法律外,对于中国商业文化也十分了解。基于这些素质,雄鹿的副总裁约翰·斯特恩米勒邀请她参与到雄鹿的谈判小组中,一并赴香港与易建联及其团队进行谈判。

之后雄鹿老板、美国参议员赫布·科尔邀请易建联和陈海涛来密尔沃基参观雄鹿俱乐部和密尔沃基这座城市,李在幕后扮演了关键角色。"我的职责不仅仅是平白直译,我根据自己对中国商场规则的理解进行了一些适当的变通,起到了一座文化桥梁的作用,简单地说,我是这次谈判的催化剂"。正是凭借她的努力,双方的谈判才最终顺利完成。对于李的工作,雄鹿老板赫伯·科尔给予了肯定:"李是我们密尔沃基当地的一位法律工作者,她成长于中国,她是一位语言学家,"科尔说,"李对于我们这次谈判起到了非常大的作用,给予了我们很大的帮助,让我们的谈判变得十分顺畅,推动了谈判的完成。"

谈判艰难要耐心

回顾中共党史上的谈判,无一不是充满了困难和挫折,无一不是经历了很长的历史阶段才取得了成功。我国的入关谈判经历了13年之久,最后终得成功;香港回归的谈判路程也经历了很长的时间。可见,**谈判是一个长期的过程,是一个需要磨炼的过程,需要坚持、坚持、再坚持。**

自1982年10月至1983年3月,中英两国政府就香港问题先后举行了五轮"秘密磋商"。中国代表是外交部副部长章文晋(1983年初章文晋出任驻美国大使后,由外交部副部长姚广接替),英国代表是驻华大使柯利达。秘密磋商的主要内容是谈判的"议题"和"程序"问题。双方争论的焦点集中在"主权"和"治权"问题上。

1983年2月,中国代表姚广表示:"关于主权问题没有谈判的余地,也不会允许英国在1997年后在香港进行任何方式的管制。中英两国之间的讨论只能是在英国承认中国对香港主权的前提下进行,而讨论议程也只能限于商讨在1997年之前怎样维护香港的'稳定'及'繁荣'这一主题上。"邓小平规定的谈判期限是两年,英国人也明白中国在一些原则问题上不会让步,英国若要保持在香港的最大利益,除了妥协别无他途。撒切尔夫人于1983年3月致函中国总理,作出了她准备在某个阶段向英国议会建议使整个香港主权回归中国的保证。这时,中国方面立即提出了实质性谈判的三项议程:主权的移交;1997年之后的安排；1997年以前的安排。但是英方只同意先讨论1997年前后的安排问题，不同意在议程中出现"交还香港"或"主权移交"一类的字样。这样，议程还是僵在那里，实质性会谈的日期迟迟定不下来。

1983年6月22日，国务院港澳事务办公室主任姬鹏飞主持召开港澳工作会议，传达了邓小平对于香港问题谈判的重要指示：一是谈判开始不先谈主权问题，先谈1997年以后如何管理的问题，1997以后的管理解决了，主权问题自然迎刃而解；二是谈判日期要设限，1984年9月为最后期限，不能任英国人无限期拖下去。要让英方知道，届时如仍未谈成，中国会单方面宣布收回香港的方案。邓小平在会见出席六届全国人大代表、政协委员时又一次谈及中英谈判问题。他指出："为了照顾英国，我们谈判可能不从收回香港问题开始，而先从1997年后香港实行什么制度、什么政策谈起。这个政策充分照顾外国人首先是英国人的利益。不仅保护中国人的利益不受损害，外国人的利益也不受损害。"不久，中英双方就第二阶段谈判的议程达成一致，决定先谈1997年后的安排，再谈1997年前的安排，最后谈"关于主权的移交事宜"。但是，直到第三轮会谈结束后，谈判仍未取得任何进展。

1982年6月15日，邓小平会见费彝民、王宽诚等12位香港地区全国人大代表和政协委员，就香港回归祖国的问题发表了重要的指导性意见。

1985年12月18日,中国香港特别行政区基本法咨询委员会在香港成立,国务院港澳事务办公室主任、基本法起草委员会主任委员姬鹏飞出席了成立大会。

1983年9月10日上午,邓小平会见希思。邓小平指出:"英国想用主权来换治权是行不通的。希望不要再在治权问题上纠缠,不要搞成中国单方面发表声明收回香港,而是要中英联合发表声明。……希望本月22日开始的中英第四次会谈,英方不要再纠缠主权换治权的问题,要扎扎实实地商量香港以后怎么办,过渡时期怎么办。这对彼此最有益处。"事已至此,撒切尔夫人很快作出回应,来函表示双方可在中国建议的基础上讨论香港的持久性安排。在第五、第六轮会谈中,英国方面不再坚持英国管治,也不谋求任何形式的共管,并理解中国的计划是建立在1997年后整个香港的主权和管治权应该归还中国这一前提之下的。至此,中英两国关于香港问题的谈判的主要障碍已经扫除。

任何谈判都不可能一帆风顺,再具实力的谈判高手也会有处于劣势的时候,而坚忍不拔正是扭转局势所必备的心智状态。遇到挫折不减锋芒,遇到阻碍不垂头丧气,困难往往是取得成功的突破口。一个优秀的谈判人员需要有战胜困难的决心,不管客观条件如何,必须在现有条件下努力争取,力求收获最满意的果实。

第三章

坚持原则,两手准备

  中国共产党在历史上对待谈判问题的做法值得我们借鉴。党成立80多年来,历经大大小小无数次谈判,正因为始终坚持在原则问题上不让步,才取得了一个又一个伟大的成功。

第三章 坚持原则，两手准备

必须有坚定的原则性

俗话说，国有国法，家有家规。人们在日常生活中做人做事都要有一定的原则性，谈判更是如此。谈判是互惠互利的，谈判双方都必须坚定各自的原则性，否则就如同刘少奇所说："如果在原则上发生错误，那就不只是会发生个别的错误，而会发生系统的、一贯的、一系列实际问题上的错误。"①**在商务谈判中，当发现价格或其他因素与己方利益不能相容时，就要及时放弃，或者另辟蹊径，而不能放弃原则、一味妥协。**

中国共产党在历史上对待谈判问题的做法值得我们借鉴。党成立80多年来，历经大大小小无数次谈判，正因为始终坚持在原则问题上不让步，才取得了一个又一个的伟大成功。

---

① 《刘少奇选集》上卷，第204页，人民出版社2004年版。

1982年9月24日,邓小平与来访的英国首相玛格丽特·撒切尔夫人就香港问题举行会谈。

　　香港回归之前,中英两国前后共进行了22轮谈判,历时两年,谈判的核心问题涉及香港的主权问题、香港的治权问题以及香港的驻军问题,在这些原则问题上中国政府坚持原则,寸步不让。

　　1982年9月24日,英国首相撒切尔夫人访华,中共中央军委主席邓小平与她就1997年香港回归问题交换了意见。素有"铁娘子"之称的撒切尔夫人一开始就要求在1997年后继续维持英国对整个香港地区的管辖不变,并以威胁的口气说:"要保持香港的繁荣,就必须由英国来管治。如果中国宣布收回香港,就会给香港带来灾难性的影响和后果。"针对她的说法,邓小平强调:主权问题不是一个可以讨论的问题,承认中国的主权是谈判的前提,在这个问题上没有回旋的余地。由此定下了双方谈判的基调。撒切尔夫人回国后,双方开始正式谈判,但由于英国人并不是心甘情愿地坐下来谈判,所以,在以后的谈判中又制造了一系列节外生枝的问题。

　　在头三轮的谈判中,英国代表柯利达贯彻执行撒切尔夫人的策略,不厌其烦地宣传香港的繁荣是英国统治的结果,宣称要保持香港的繁荣离不开英国的管治。他说:只有中国同意由英国继续管治香港,英国才会同意给中国以名义上的主权,希望中国以"实事求是"的态度来对待香港问题。中方对他的说法作了批驳,明确指出:"香港问题的最基本的事实就是:香港是中国领土,至今仍为英国占领。要解决这一历史遗留的问题,最根本的一条就是把香港归还中国。因此才有今天的谈判,如果无视这一基本事实,还谈得上什么'实事求是'?"此后,中英双方就这个问题进行了五次艰苦的谈判。中国的观点非常明确:主权必须坚持,治权也不允许他国干预。考虑到香港的实际问题,邓小平提出了"一国两制,港人治港,高度自治"的方针,巧妙地回答了英方关于内地与香港社会制度不同的借口。最后英方终于承认了中国政府对香港的主权和治权。

还有一个重要的问题就是驻军。在同意香港实行高度自治的同时,中央政府必须要保留必要的权力,首先是国防、外交必须由中央政府直接管理。既然国防、外交由中央政府直接掌握,那么中央政府就有权在香港驻军。但英方对此又百般抗拒,说中方的驻军会影响香港的正常秩序,引起港人的恐慌。建议中国只需在香港旁边的广州、深圳有军队就行了,不需要在香港驻军。中方反问:如果香港受到外国的侵略怎么办?英方说,万一发生这个事情,那中方得事先征求港府的意见。特区行政长官同意了,立法会同意了,中方军队可以暂时来一下,然后马上回去。这又是一个涉及主权问题的重大争论。中方代表在谈判中明确表示,英方反对驻军毫无道理,中国中央政府负责香港的防务,必须在香港驻军;另外,在香港驻军还有一个作用,可以防止动乱,即使发生动乱,也能及时解决。所以驻军是主权的体现,是天经地义的事,不管英方赞成与否,中国都不会在这个问题上让步,而且驻军对香港的繁荣稳定有利无弊,希望英方采取合作的态度,不要无理取闹。由于中方的坚持,英方最后不得不同意中国在香港驻军。

国与国之间谈判,必须坚持原则性,企业间的谈判时也有这个问题。枝节问题可以洽商,原则问题必须据理力争,绝不让步。委曲求全,抛弃了原则的谈判终将遗患无穷。

国内某重点工程是由世界银行提供贷款的国际招标项目。参加投标的中外厂商有好几家,竞争十分激烈。这一项目属于综合性工程,既有进口设备,又有国产设备,既有技术引进,又有中外合作生产设备。招标单位经过开标、评标、决标,在征得世界银行同意后授标给了上海某投标集团。该集团由四家公司组成,其中两家为中方单位,他们是上海A进出口公司和上海B工程公司;另两家为外方单位C公司和D公司。这四家公司在联合投标前签订了四方合作协议书,就各方的分工负责、权利义务等作了原则性规定。同时协议书还规定,上海A进出口公司为承包集团的主承办单位。

授标之后,中标集团与招标单位必须对总承包合同中某些商务和技术条款的内容进行磋商,以便签署合同。在此期间,中标单位的中方单位与外方单位就分合同(即进口合同)举行谈判。没想到,谈判十分艰难。集团中标后,外方身份变得确定了,中方已不能摆脱他们,所以他们的态度也相应变得强硬起来。在谈判中,外方意图迫使中方接受他们所拟的分合同条款及附件,其中加进了对他们单方面有利的条款,尽量减少了他们应负的责任,并变相提高了价格,同时对以前允诺的某些条件予以否认。外方还要求中方限时限刻接受,否则将提前结束谈判回国。而此时离签订总承包合同的时间已不多,到时中方拿不出达成的协议就只能用外方的不合理合同。当中方提出修改这些不合理的条件时,外方又采用拖延战术,故意对中方施加压力。

中方谈判人员经过分析后认为：外方虽强硬，但如果由于集团内部的原因最终不能与招标单位签约，则分合同也不能成立，这样外方谈判代表无法向对这一项目极为重视的上级交代。所以他们绝不愿意谈判破裂，空手回国。于是，中方代表决定与外方进行有理、有利、有节的谈判，将外方按照四方协议书的规定应负的责任作为原则问题，不允许从原有立场后退，其他非原则性问题可适当让步。

中方立即围绕这一中心拟定了一份详细的合同，经过几个日夜的艰苦谈判，中方原定的谈判目标得以在预定期限内完成，与两外商公司分别签订了分合同，外商也出让了签订总承包合同的授权书。中方单位于是代表中标集团与招标单位在约定的日期前签订了总承包合同。

这个案例说明，当谈判中涉及原则性问题时，我们一定要明确自己的立场，不能有丝毫含糊。在坚持原则性的同时，也要有适当的灵活性，在其他非原则的问题上可以让步，以促使谈判协议的达成。

在根本利益上不能让步

高手对决，关键的棋子一定不能落错，否则将导致全盘皆输的结局。**谈判也是一样，要想取得最后胜利就一定要在关键问题上保持清醒，在根本利益上不能让步。**

国共双方在战争年代有过多次谈判和协商。在与国民党的谈判中，中国共产党人本着为人民着想的原则，曾在某些问题上作出过让步。然而，一旦涉及党和人民的根本利益，无论谈判多么艰苦，中国共产党都始终坚持原则，寸步不让。

西安事变和平解决以后,国共合作的格局虽然基本确定,但要实现合作,尚有一系列具体问题亟待解决。1937年2月至3月,以周恩来为首的中共代表团与国民党代表在西安就一些具体事宜举行谈判。主要讨论红色根据地的地位,红军编制人数和指挥关系等问题。在谈判中,国民党提出了限定红军改编为3个师,每师1万人,政训人员和各级副职由南京政府派入,"陕甘宁行政区"改为"地方行政区",直属所在省等条件,并将"改选推荐"改为"地方推荐",删掉了"民选制度"。

中共中央讨论了国民党的方案后认为,国共合作是有益于抗战、有益于人民的大事,我们可以在一些具体问题上作出让步,但要吸取第一次国共合作时的教训,必须争取革命的领导权。即,一方面要求国民党承认中共的合法地位;另一方面中共必须掌握革命武装。

同年3月下旬至4月初,周恩来与蒋介石在杭州举行谈判。周恩来重申了中共关于建立抗日民族统一战线的原则和立场,蒋介石基本上

1937年5月,国民党军事委员会西安行营组织中央考察团赴延安考察。图为毛泽东等与考察团成员合影。

1937年8月，朱德（右一）、周恩来（右二）、叶剑英（右四）在南京参加国民党军事委员会召开的国防会议期间，与黄琪翔（右三）等合影。

同意中共代表提出的有关边区政府和红军改编的意见，并提议由周恩来起草一个两党合作的共同纲领。6月，周恩来携中共中央草拟的《关于御侮救亡复兴中国的民族统一纲领草案》赴庐山与蒋介石谈判。不料，中共代表到庐山后，蒋介石推翻了在杭州的许诺，提出成立一个由他领导的"国民革命同盟会"，由国共派出同等数量人员组成，红军改编为3个师，共4.5万人，副职由国民党员担任，并要毛泽东、朱德离开部队，陕甘宁边区的正职官长也要由国民党政府指派等。中共对蒋介石企图通过谈判来达到收编红军、取消陕甘宁边区政府、融化共产党的企图进行了坚决的揭露和斗争。同时，又从大局出发，在两党合作的组织形式以及边区政府的人事安排上作了重大让步。

就在国共两党庐山谈判期间，日军又挑起了"七七事变"，中华民族的全面抗战爆发，国共两党也加快了谈判步伐。其间，中共始终不放弃对革命武装的领导权，同时在政治上和军事上积极为抗战作准备。在中共代表的坚持下，国民党被迫同意承认陕甘宁边区政府；将红军改编为三个师，三师之上设总指挥部，朱德任总指挥，彭德怀任副总指挥，不派辅佐人员和政工人员以及参谋长到红军中来，不派联络参谋，并定于8月16日颁布红军三个师的番号,8月22日宣布红军改编为国民革命军。9月22日,国民党中央通讯社公布《中共中央为公布国共合作宣言》;次日,蒋介石发表《对中国共产党宣言的谈话》,事实上承认了中国共产党的合法地位。

实践证明,中共代表在谈判中坚持军队自主权的做法是完全正确的,也正因为如此,才在抗战胜利、国共分裂之际保存了自己的实力,为建立新中国作了政治上、军事上和组织上的准备。

经济全球化到来之际,许多企业选择通过与其他有实力的企业合作的方式来壮大自己,这无疑是件好事。但在这个过程中,很多民企却在引进外资时输在了谈判桌上。他们在谈判中没有坚持自己的品牌,使得企业在合资过程中越来越小,甚至导致许多知名商标在合资中流失。不过,也有一些企业在谈判中坚持拒绝接受危及企业发展的方案,在涉及根本利益的问题上不让步。比如,苏州阀门厂在与国外一家大企业合资谈判中始终坚持"合资不合牌,合资不合市场"的原则;浙江绍兴黄酒集团在同外商谈判合资时,30多次拒绝合资合牌的要求。由于他们在原则问题上不让步,使企业获得了更好的后续发展。

新华信集团创办于1992年,是目前中国最大、最有影响力的专业咨询服务公司之一。新华信能在中国管理咨询市场上占有一席之地,离不开当初的一次合资谈判。1994年,新华信开始涉足管理咨询业务并在商业信息咨询领域确立了自己的领先地位。但当时国内的大多数企业都还不明白什么是"管理咨询",而在国外这已是一个相当成熟的行业。这也意味着管理咨询在中国市场有很大的潜力。为了更好地开拓市场,经过仔细分析,相关负责人决定通过合资来壮大自己。

1994年,新华信决定与具有近40年历史、总部位于美国首都华盛顿特区、专门提供国际业务战略咨询的美国凯通国际咨询公司建立业务合作关系。合资可以给新华信带来新的契机,但是谈判过程却艰苦曲折。凯通凭借丰富的经验和雄厚的资金实力,提出的要求非常苛刻。在业务上,凯通主张由美国公司负责全部市场营销,中国公司只负责项目运作,这就意味着凯通将拥有独一无二的决定权,以后可以只发展凯通品牌而把新华信作为其在中国的运作中心。对此,新华信当然不能同意。经过几轮谈判,新华信决定在分工上作出让步,同意美国人的意见;但在品牌上,新华信的三位创始人摆出了不容商量的姿态:必须保留新华信的品牌,在美国用美方品牌,在中国用新华信品牌,因为这关系到新华信未来的发展。由于新华信的坚持,经过一段时间的僵持,凯通同意了新华信的要求。

这次合作对于新华信意义非凡,它标志着新华信开启了管理咨询国际化的大门。由于保留了自己的品牌,新华信一面扮演给美国公司打下手的角色,一面用"新华信"的名义拿到了几个已经进入中国的国际大公司和中国本土企业的项目。1997年,中国本土企业渐渐开始认识和认可管理咨询,新华信和美方的合作关系也到了结束的时候。与美方分手后,新华信凭借已学会的管理咨询和以"新华信"品牌积累下来的那几个客户,不仅渡过了重新独立后的艰难生存期,还使自己越做越成功。

不糊里糊涂接受谈判

中国古代兵圣孙子认为,兵家合于利则动,不合于利则止。也就是说,决定战与不战的最根本依据是国家利益。战争是国家大计,关系到国家的生死存亡,因此要慎之又慎;谈判被称为兵不血刃的战争,决定

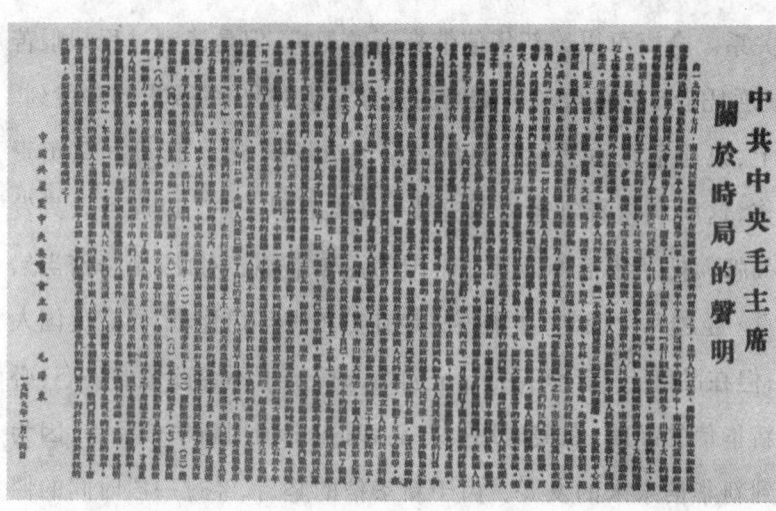

1949年1月14日,毛泽东发表《关于时局的声明》,提出实现国内和平的八项主张。图为《中共中央毛主席关于时局的声明》。

着公司的生存大计。因此,**接受不接受谈判,接受什么方式的谈判,需要通盘考虑,决不能稀里糊涂接受谈判。**

第三次国内战争打了两年多以后,国民党败局已定。1949年1月1日,蒋介石发表了一篇求和声明,提出以保存国民党宪法、法统和军队等项条件,作为和平谈判的基础。他一本正经地说:"只望和平果能实现,则个人的进退出处,绝不萦怀。"又说,倘若共产党不接受和谈,"则政府亦唯有尽其卫国救民的职责,责任皆由共党负之"。此时,人民解放军在战场上节节胜利,北方已基本解放,百万雄师屯于长江以北,只要挥师南下,很快就可以解放江南。此时蒋介石伸出的"橄榄枝",其用意不言而喻。

同年1月14日,毛泽东发表《关于时局的声明》。声明说:"虽然中国人民解放军具有充足的力量和充足的理由,确有把握,在不要很久的

---

① 《毛泽东选集》第四卷,第1389页,人民出版社1991年版。

拥护毛泽东提出的八项和平条件的宣传画。

时间之内,全部地消灭国民党反动政府的残余军事力量;但是,为了迅速结束战争,实现真正的和平,减少人民的痛苦,中国共产党愿意和南京国民党反动政府及其他任何国民党地方政府和军事集团,在下列条件的基础之上进行和平谈判。这些条件是:(一)惩办战争罪犯;(二)废除伪宪法;(三)废除伪法统;(四)依据民主原则改编一切反动军队;(五)没收官僚资本;(六)改革土地制度;(七)废除卖国条约;(八)召开没有反动分子参加的政治协商会议,成立民主联合政府,接收南京国民党反动政府及其所属各级政府的一切权力。"①这便是著名的"八项条件"。3月,针对即将开始的国共和平谈判,毛泽东在中共七届二中全会

---

① 《毛泽东选集》第四卷,第1436页,人民出版社1991年版。

上又一次指出:"不论是全面的和平谈判,或者局部的和平谈判,我们都应当这样去准备。我们不应当怕麻烦、图清静而不去接受这些谈判,我们也不应当糊里糊涂地去接受这些谈判。我们的原则性必须是坚定的,我们也要有为了实现原则性的一切许可的和必需的灵活性。"①

从4月1日开始,中共代表以"八项条件"为基础,与国民党代表进行了一轮又一轮的谈判,终于达成了一份《国内和平协定》。虽然后来由于国民党政府拒绝在已经达成的协定上签字,导致和谈破裂,但通过这次谈判,使全国人民进一步看清了共产党真和平、国民党假谈判的面目,争取和团结了广大江南民众和部分国民党军政人员。在解放战争的最后阶段,国民党军政高官接受和平条件并率部起义的不少。当时有个说法,《国内和平协定》抵得上百万军队。

今天的企业在谈判中也要以自身利益为出发点,要考虑谈判对全局的影响,决定是否可以接受谈判,不能打糊涂仗。

珠海格力电器股份有限公司是中国空调市场上的佼佼者,从1991年的一个不知名的小厂,发展到今天成为中国乃至全球最大的集研发、生产、销售、服务于一体的专业化空调企业。速度之快,影响之广,在国内外罕有匹敌。自1995年以来,格力空调已连续十几年年产销量、市场占有率居国内同行业第一。格力空调能在竞争激烈的家电业取得如此好的成绩,与公司的品牌定位和品质保障有关,也与格力在销售中坚持原则、杜绝行业黑洞分不开。

20世纪90年代初,格力空调计划打开江苏市场。公司派出业务员在大商场寻找代理商。一位业务员经过一系列努力,终于打动了南京某商场的一名经理。当时南京空调市场的规矩是先发货后付款,没有商量的余地。这家商场的经理也要求格力遵循这一规矩。但格力的业务员却坚持先汇款后提货。她认为这是公司的原则,不能违背。然而,这个原则在当时的空调市场很难行得通:像春兰那样的大厂家都是走这个程序,格力当时的规模和品牌远远不及春兰,要想以这个有违经销商利益的标准达成合作显然是困难的。双方围绕着提货与付款的顺序问题进行了长时间艰苦的谈判。

在谈判中,格力的业务员始终坚持自己的原则。她介绍自己的产品相对于其他品牌产品的优势,例如产品质量、在发货与货物品种搭配等方面的考虑和安排等等,并承诺如有积压无条件退款。经过反复的宣传与解释,终于打动了商场经理,为格力开了先付款、后发货的先例。这次谈判的成功对于格力意义重大。后来,为解决长年积压的欠款问题,格力全面采用了这种方法,不仅一举收回了全部欠款,还创造了中国零售批发行业史上第一例无一分拖欠款的奇迹。如今,格力与经销商之间这种款到发货的方式已成为行业中的新规则,并为其他商家所仿效。

"非利不动,非得不用"这是孙子对战争的劝诫,也完全可以成为商场中适用的法则。**谈判是智慧的较量,是利害双方的博弈,一着不慎可能满盘皆输。所以谈判者从一开始就要保持高度的清醒,不轻言谈判,也不糊里糊涂接受谈判。**

以谈对谈,以打对打

中国兵家向来推崇"不战而屈人之兵"。用和谈来结束战争,是再好不过的事情了。但是,问题在于"兵不厌诈":对方提出了谈判的要求,其中是否有诈,一时难以搞清楚。有些时候他是真想谈判,有些时候却是以谈判来掩护其备战的真实意图。

1945年8月，抗日战争行将结束，蒋介石为了达到在谈判桌上逼迫共产党交出解放区政权和军队的目的，采取边打边谈的反革命两手，向共产党发起了谈判攻势。他连续三次拍电报，邀请毛泽东到重庆"共同商讨国家大计"。与此同时，蒋介石又急令胡宗南的两个军经风陵渡北渡黄河，准备打通同蒲路，然后沿正太路，进驻平、津；令孙连仲以三个军集中郑州，准备沿平汉路北进；令李品仙以三个军向徐州推进，准备沿津蒲路北上；令傅作义攻占归绥、集宁后，向察哈尔进攻。同时密令第二战区司令长官阎锡山的基干部队，于8月下旬占领上党地区。

对于蒋介石发来的三封电报，中共中央再三研究后决定，由周恩来和王若飞陪同毛泽东到重庆与国民党政府谈判。并决定，为了保卫解放区，也为了支援重庆谈判，要坚决采取以谈对谈、以打对打的革命两手，同蒋介石作针锋相对的斗争。

8月25日，毛泽东电复蒋介石，正式通知他自己将亲赴重庆谈判。当天，中央派刘伯承、邓小平飞返上党。毛泽东对他们说：你们回到前

蒋介石一面邀请毛泽东赴重庆谈判，一面加紧内战准备。图为美国军舰运送国民党军队至沿海各重要城市，抢占战略要地。

1945年8月26日，刘伯承、邓小平等奉命离开延安，飞返太行山区。图为他们与部分送行人员在延安合影。蹲坐者：左二为徐特立，左四为罗瑞卿，左六为张闻天，右二为叶剑英，右七为彭真，右八为康生。站立者：右六为林彪。

方去，放手打就是了。不要担心我在重庆的安全问题，你们打得越好，我越安全，谈得越好。别的办法是没有的。刘、邓回到上党，即在直属机关干部大会上作了上党战役的动员报告，提出：我们立足于打，不放弃有利条件的谈判。只有打得好，才能谈得好。

8月28日，毛主席飞抵重庆与蒋介石举行谈判。国民党方面拿不出完整的谈判方案，在触及一些重要问题时，采取拖延时间的办法。对此，毛泽东针锋相对。他利用在重庆的机会，广泛接触各界人士，宣传中国共产党的政治主张，表明中共坚持和平的态度。当然，毛泽东、周恩来也非常关心上党战局的变化。9月10日、11日、12日，国共两党的军队在屯留、长治激战，蒋介石指望阎锡山取胜，便找了个借口使谈判搁浅。12日，解放军打了屯留，并在攻打长治方面取得重大进展。蒋介石没办法，谈判才又继续。10月初，为诱敌深入，刘邓部队主动放弃长治老爷山阵地。蒋介石误以为又要得胜了，便把已初步拟就的谈判方案撂下。但随后几天,刘邓部队在老爷山、磨盘垴地区与敌展开激战,在重庆的谈判桌上关于解放区地方政权和人民军队的争论也达到了高峰。针对阎锡山指派第七集团军副司令彭毓斌率敌增援史泽波部的情况变化,刘邓部队分兵两线,一线继续包围和佯攻长治,一线兼程北上截歼敌增援部队。解放军打援部队历经9个昼夜的激烈战斗,于10月7日打得援敌溃不成军,歼敌2万余人。援军被歼后,困守长治的国民党军待援无望,当日弃城西逃。

战场上的胜利有力地推动了谈判进展。经过43天的艰苦谈判,国共两党终于签订了《双十协定》。这是以谈对谈,以打对打的结果。

"以谈对谈,以打对打"这种策略在商务谈判中也很有用。**在谈判过程中所有因素都不是一成不变的,而是一个动态的过程,企业需要随时根据环境的变化对谈判做出相应调整。但是无论怎样调整,都必须坚持企业的使命不变的基本原则。**这样,谈判才能够在保证实现企业使命的情况下随时而动,灵活应对环境变化。

1987年6月,济南市第一机床厂厂长在洛杉矶同美国卡尔曼公司就销售机床的问题举行谈判。双方在价格问题的协商中陷入了僵持。这时中方获得情报:卡尔曼公司原与台商签订的合同不能实现,因为美国对日、韩和中国台湾提高了关税,使得台商迟迟不肯发货。而卡尔曼公司又与自己的客户签订了供货合同,对方要货甚急,卡尔曼公司陷入被动境地。为此,卡尔曼公司正在准备与其他厂家谈判,寻求能够代替台商的合作商。中方根据这个情报,在接下来的谈判中沉着应对,不急不缓地与卡尔曼公司商谈价格。为了争取占据主动地位,促使谈判早出成果,中方还开始与另一家美国公司频频接触,洽谈相同的项目,并有意将此情报泄露出去。果然,卡尔曼公司终于沉不住气了,签约购买了150台中国机床。

这一事例表明，在谈判过程中各种情况都有可能发生突然的变化，要使谈判在复杂多变的形势中取得比较理想的结果，就必须使谈判计划具有一定的灵活性。谈判人员应当可以在权限允许的范围内灵活处理有关问题，"以谈对谈，以打对打"，争取得到较为有利的结果。正如弗朗西斯·培根在《谈判论》中所说："与人谋事，则须知其习性，以引导之；明其目的，以劝诱之；谙其弱点，以威吓之；察其优势，以钳制之。与奸诈之人谋事，唯一刻不忘其所图，方能知其所言；说话宜少，且须出其最不当意之际。于一切艰难的谈判之中，不可存一蹴而就之想，为徐而图之，以待瓜熟蒂落。"

粉碎对方的不良企图

一般说来，谈判应当光明正大，公平协议。但是，谈判双方本来就是要维护自己的利益，难免一方会出现不良意图。有人为了实现自己的利益和欲望，不择手段，甚至使用各种阴谋诡计来诱惑对方，企图达成不公平的协议。诸如制造虚假情报，进行人身攻击，施加压力等等，不一而足。我们不提倡搞阴谋诡计，但又必须懂得对付它。对于谈判桌前的种种不良企图，要有所认识，有所防范。

西安事变和平解决后，国民党基本停止了对陕甘宁边区的进攻。但与此同时，却加紧了对共产党领导的南方游击队的"清剿"，企图采用"北和南剿"的方法，在第二次国共合作实现之前消灭南方的红军游击队。

在南方坚持游击战争的红军游击队，长期与党中央失去联系。幸而这时多数红军游击队已积累了丰富的斗争经验，特别是通过各种渠道获悉中共中央关于建立抗日民族统一战线的新政策。他们经过艰苦的斗争,终于挫败了国民党军的"南剿"阴谋,迫使对方不得不坐下来举行和平谈判。

9月8日,国民党大余县政府派鲁炯雯为代表,红军游击队派陈毅为代表,双方在国民党大余池江区公署举行正式谈判。谈判进行得非常顺利,双方达成了合作抗日七条协议,这为接下来的一系列谈判

1937年9月,陈毅、项英代表南方红军游击队到大余、赣州、吉安、南昌与国民党当局谈判。图为赣州谈判旧址:江西第四行政督察公署。

新四军第二支队召开抗日誓师大会。

奠定了基础。

9月11日，陈毅由彭育英陪同前往赣州，继续与国民党代表谈判。在这次谈判中，国民党当局耍弄阴谋，企图否定共产党在国共合作中的平等地位，要将红军游击队"融化"和"收编"。国民党第四十六师政治部主任狡诈地对陈毅说："陈先生多年不出山，还不知外面的形势，对我们来说无所谓'国共合作'，这种说法英、美不习惯，西北大局是全部归顺中央的。"陈毅听后立即质问："你究竟代表谁？代表英、美吗？"对方理屈词穷，只好说："对不起，这不是我的意思，我是按中央指示说的，你不相信，我将文件给你看。"陈毅愤怒地站起来说："你要是代表英、美，就没有资格和我谈判。我们的队伍要下山抗日，你挡不住！英、美也挡不住！"经过陈毅有理、有利、有节的斗争，粉碎了国民党的阴谋，双方又达成了国共合作的九项协议。

这段历史对于商务谈判也有借鉴意义。**在商务谈判中，面对对方的各种诡计，可以给予揭露，也可以搞针锋相对。当然，如果不是涉及根本的原则问题，也可以适当忍耐。**

美国某石油公司同许多石油出产国都有交易往来。对石油出口国来说，石油问题是有关国民经济的大事。在同这些国家进行石油交易时，这家石油公司总是煞费心机。

有一次，公司在A国开采石油，董事长哈默亲自到A国同该国政府谈判。对手是贾卢德，素以强硬难缠闻名。哈默深知此次谈判不会十分顺利。

果然不出哈默所料。当双方进入实质性的谈判时，贾卢德带着一支机关枪进入了谈判现场。在谈判桌上，贾卢德竟然看似不经意地把机关枪的枪口指向了哈默。在谈判中，他一直保持着一种高高在上的态度，还不时假装无聊地轻轻叩击枪杆。对于贾卢德的无礼和傲慢，哈默丝毫没有表现出不快和介意,因为精于谈判的他已经从对方的态度中看出了对方的虚张声势,粗鲁的行为恰好表明内心的虚弱,也体现出了A国对于这场交易的重视。由于谈判双方在日开采量和石油价格上各持己见,谈判进入了白热化的程度。

脾气暴躁的贾卢德见哈默不肯接受己方的条件,忍不住言辞激烈地大骂起来。这种行为使美国石油公司的其他代表非常生气,甚至连A国派出的一些代表也认为这一做法有些太无礼了。但是哈默却并不在意,他让自己的同事保持冷静,然后十分平静地站起来,把双手放在贾卢德肩上。双方代表都看得出来,他是在向贾卢德传递一种长辈对年轻人的谅解态度。此时,纵然贾卢德再年轻气盛,也无法继续刁难下去了。在接下来的谈判中,贾卢德开始心平气和地与哈默商讨合作的具体事宜。经过几次协商,双方终于签订了协议。哈默保住了他在A国的开采特权,而A国得以将税率增加8%,每桶油价多收30美分。

在谈判中,人们为了达到不良企图而使用的阴谋有很多,我们对此要保持足够的警觉,一定要灵活掌握各种谈判技巧,加上必要时做出一些妥协与退让。当然,在妥协与退让时,一定要守住自己的立场,坚持自己的原则,粉碎对方在根本性原则问题上的不良企图。例如为了防止谈判中的欺诈行为,一定要在谈判前搜集各种情报,做好充足的准备。只要掌握了真实的情况,就能减少上当受骗的可能。同时要学会察言观色,编假话者常常会出现前言不搭后语,甚至自相矛盾的情况,仔细观察你就会发现这些破绽。当对方开始对你指责谩骂,企图用激烈的对抗方式向你施加压力、迫你就范时,你一定要保持镇静。对方向你大喊大叫,就是希望弄得你心慌意乱、不知所措。此时,你一定要顶住压力,处变不惊。如果你也跟着意气用事,很可能会导致一场"混战",谈判也就毫无希望了。但这并不是说每次遇到这种情况你都要忍耐与退让。对于原则性问题，必要的抗议还是要有的。对于对方提出的强硬要求，你要想尽一切办法把"不可变更"变成"可以通融"。只要你灵活有方，措施得当，对方的任何不良企图就都没有了市场。

对方有一些不良企图并不可怕，可怕的是我们对此丧失警惕。

争取谈成，不怕破裂

胜败乃兵家常事。战争中，每个优秀的官兵都会尽最大努力去争取成功，但也从不会畏惧失败，因为只有从失败中寻找经验，才能走向更大的成功。此所谓失败是成功之母。谈判场上也是如此。**越是双方互不相让，越是要尽最大的努力，强化共同利益，淡化冲突利益，争取谈判成功。如果在根本的、原则问题上不能达成一致，那么就要坚定自己的立场，维护根本利益，不怕谈判破裂。**

1949年3月，中国共产党与中国国民党的代表围绕着结束内战，实现和平举行谈判。当时，辽沈、淮海、平津三大战役已经结束，国民党的主力部队大部分已经被消灭，仅剩的一百多万部队分布在从新疆到台湾的广大地区内和漫长的战线上。接着打下去，国民党必然失败，但共产党也要付出一定的伤亡代价；如果谈判成功，有利于共产党向南方推进，但也会延长反动势力存在的时间。

就是在这种形势下，国共两党开始了谈判。双方争执的焦点主要集中在战犯和渡江问题上。关于战犯问题，国民党代表表示不能接受"惩治战犯"的条件，而中共代表在战犯问题上不松口，坚持必须惩办战争罪犯。关于渡江问题，国民党代表希望解放军不过江或缓过江，中共代表则只答应和谈期间暂不过江，但和谈后无论谈成谈不成都要过

张治中是国共北平和谈时国民党的首席谈判代表。图为毛泽东与张治中在天安门城楼上。

江,并强调长江在历史上从来没有阻止过中国的统一。双方的分歧使原定4月5日开始的正式和谈被迫推迟。

迫于形势的压力,对于中共方面的要求,国民党代表的态度有所软化,作出了一定的让步:第一,战犯应受处罚,但不必正式提名,如赞成和平条款及对人民作出有益贡献者,可以酌情减少或撤销,反之,再列为战犯不迟;第二,渡江问题可并入中共八项条件的第四条,签字后不必马上渡江,但亦不必拖至联合政府成立后。至此,国民党政府虽在战犯问题上有所松口,却幻想"国共合作"。有了国民党代表的让步,中共方面也在战犯问题上有所松口,但仍坚持用"北平方式"解决问题,这与国民党政府的期望显然相去甚远。为了进一步争取谈判达成协议,中共方面决定采取实质性步骤。4月8日,毛泽东主席亲自会见国民党政府代表张治中,与他面谈长达4个小时,就中共所能作出的让步向他交了底。这使本来极度紧张甚至绝望的张治中及其他国民党代表团成员重新看到了希望,认为"和谈是可以成功的,因为从今天谈话看,双方距离不大,甚至没有距离"。另外,解放军还推迟了渡江时间。与此同时,国内和平协定草案也在加紧起草中。这表明,当时中共中央对和谈成功寄予了很大希望。

然而,国民党方面坚决反对解放军渡江。中共代表再次重申:不论谈判成败,人民解放军必须渡江。随后,国民党政府代表团成员又与中共代表分别进行了交谈,希望能够找到一线解决分歧的希望,但进展甚少。此时,中共首席和谈代表周恩来将最后定稿的《国内和平协定》交给张治中。张治中随即将文件呈送南京。国民党政府经过两次开会研究,决定拒绝《国内和平协定》。北平和谈

南京总统府办公桌上的台历。

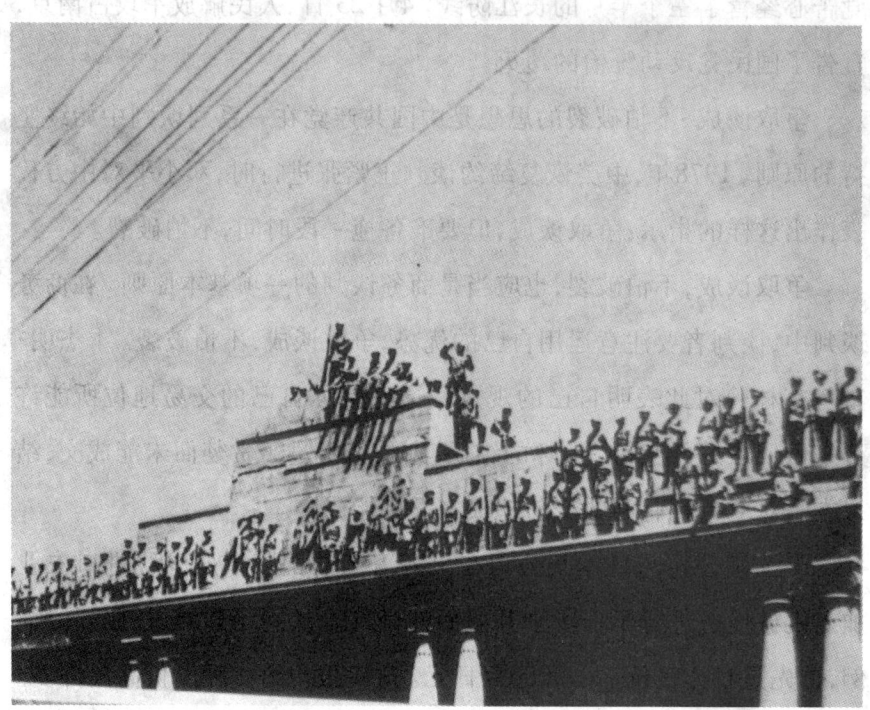

1949年4月23日,中国人民解放军占领南京,国民党在中国大陆的统治宣告覆灭。

毛泽东在北京香山双清别墅读解放南京的报道。

宣告破裂。4月21日,人民解放军百万雄师强渡长江,一举摧毁了国民党苦心经营了三个半月的长江防线。4月23日,人民解放军攻占南京,宣告了国民党反动统治的覆灭。

争取谈成,不怕破裂的思想是中国共产党在一系列谈判中始终坚持的原则。1978年,中美恢复缔约谈判正紧张进行时,邓小平对中方代表作出这样的指示:争取谈成,但要准备拖一段时间,不怕破裂。

争取谈成,不怕破裂,也应当是商务谈判的一项基本原则。在商务谈判中,谈判者要注意运用自己的优势,争取谈成,不怕破裂。本杰明·富兰克林曾对此表明自己的观点:"最好是尽自己的交易地位所能许可来做成最好的交易。最坏的结局,则是由于过于贪婪而未能成交,结果本来对双方都有利的交易却根本没有能成交。"

中国某公司与日本某公司在上海著名的国际大厦围绕进口农业加工机械设备进行了一场别开生面的谈判。谈判一开局,按照国际惯例,首先是日方报价——1000万日元。这一报价离实际卖价高出许多。日方之所以这样做,是因为他们以前的确卖过这个价格。如果中方不了解当时的国际行情,就会以此作为谈判的基础,那么,日方就可能获得厚利;如果中方不能接受,日方也能自圆其说,有台阶可下,可谓进可攻,退可守。由于中方事前已摸清了国际行情的变化,便直截了当地指出:这个报价不能作为谈判的基础。日方对中方如此果断地拒绝了这个报价感到震惊。他们分析,中方可能对国际市场行情的变化有所了解,因而,这个高目标恐难实现。于是日方便转移话题,介绍起产品的特点及其优良的质量,以求采取迂回前进的方法来支持己方的报价。

中方在谈判之前不仅摸清了国际行情,而且研究了日方产品的性能、质量、特点以及其他同类产品的有关情况。在听了对方的陈述后,中方代表说:"不知贵国生产此种产品的公司有几家?贵公司的产品优于A国、C国的依据是什么?"此问貌似请教,实则是点了对方命穴:其一,我们非常了解所有此类产品的有关情况;其二,此类产品绝非你一家独有,我们是有选择权的。中方代表点到为止的问话,彻底摧毁了对方"筑高台"的企图。

老练的日方主谈人又运用"踢皮球"战略,声明这个价格是以前制定的。此时,中方主谈人深知此轮谈判不会再有什么结果了,如果追紧了,就可能导致谈判的破裂。为争取谈判成功,便采取了化解僵局的方法,主动提出"休会",给对方以让步的余地。

第二轮谈判开始后,双方先是漫谈了一阵,调节了下情绪,融洽了感情,创造了有利于谈判的友好气氛。随后,日方再次报价:"我们请示了总经理,又核实了一下成本,同意削价100万日元。"他们还夸张地表示,这个削价的幅度是不小的,要中方"还盘"。中方代表在核实该产品在国际市场的最新价格后,确定"还盘"价格为750万日元。日方立即回绝,认为这个价格很难成交。中方坚持与日方探讨了几次,都没有结果。最终,双方因为价格问题没有达成一致意见,谈判以破裂而结束。

日方谈判者花费了大量的人力、物力和财力,远渡重洋来到中国谈判,最后空手而归,遭受了不小的经济损失。而中方谈判者从日本的价格底线中进一步了解到该产品的价格与销售情况,从而对同类产品的商谈起到了巨大的帮助作用。在不出一个月的时间内,中方就与另一家同类外商企业以低于日方的价格签订了合同,并以独特的技术优势占据了广大市场。

这个例子说明,在商务谈判中,成熟的谈判者即使拥有丰富的让步资源,也会为自己制定一个刚性原则,在争取谈成的同时,不怕破裂,并以此来寻找实现最大利益的合作方。也就是说,只有坚持争取谈成,不怕破裂的原则,才能在谈判中保证自己长远利益的实现。

7

争取快,不怕拖

有人说,谈判是一场没有硝烟的战争,是智慧与毅力的战争。战争中的变因很多,谈判也是如此。其中,**时间是谈判过程中的一个必要因素,也是一个变因极大的因素,它的作用不可忽视。**

在谈判中,双方的优势与劣势是相对的,极易随着时间的推移而发生变化。因此,在谈判中处于劣势的一方,往往会采用拖延战术,耐心等待天秤向自己一方倾斜,以便利用变化后的形势迫使对方放弃固守的原则。显然,这对处于优势的一方是不利的。这时候,优势一方或者通过加压让劣势方迅速作出决定,或者采取措施避免使自己随着时局的变化而陷入被动。后一种就是争取快,不怕拖的策略。

朝鲜战争爆发后,中朝两国军队并肩作战,到1951年初夏,经过五次大的战役,使得以美国为首的"联合国军"损兵折将,从鸭绿江边败退到三八线附近。此时,美军深陷朝鲜而看不到胜利的曙光,国内公众开始对当局者出兵朝鲜表示不满,欧洲同盟也开始考虑退路。在内外交困的形势下,美国政府提出停战请求。出于对和平的考虑,中朝两国接受了美国的提议,双方开始了停战谈判。但谁也没有想到这一谈前后竟历时达747天,创下了战争谈判史上的纪录。

是什么原因使得谈判拖了这么长时间呢?这与当时美方在谈判中采取的策略有关。1951年7月10日,朝鲜停战谈判开始后,美方代表就对谈判采取了拖延和破坏的办法,多次无故单方面中断谈判,并利用所谓"钢铁优势"、"空中优势",不断发动新的军事进攻,企图以军事压力配合谈判,使谈判的优势移位,以达到其无理要求。

对此,指导中方谈判工作的周恩来通观全局。他精辟分析道:美国

周恩来提出了"不怕破裂,也不怕拖;愿和,但也不急"的谈判指导方针。图为毛泽东、周恩来与彭德怀在一起。

志愿军新组建的空军作战顽强,粉碎了美军的空中优势。图为迅速成长起来的志愿军空军。

在朝鲜问题上不能不谈判停战。由于内政外交原因,他不能不拖一下,但不能破裂,而只能破坏。目前谈成的可能性增长,但拖的可能性还存在,全面破裂的可能性不大。在这种科学判断形势的前提下,周恩来提出了"不怕破裂,也不怕拖;愿和,但也不急"的谈判指导方针。为了防止美军利用谈判形势发起突然进攻,给我方造成被动局面,中央领导人指示前线部队,要时刻保持警惕,做好两手准备,能谈也能打。

果然,美军在同年8月中旬发动了"夏季作战"攻势,利用空中优势开展"绞杀战",企图陷中朝军队于困难,夺取谈判桌上不能得到的东西。由于中朝方面已有准备,志愿军新组建的空军作战顽强,粉碎了美军的空中优势;与此同时,陆上反击战也取得了胜利,迫使美军不得不停止所谓"夏季攻势"。

停战谈判恢复后,美军又多次采用谈判中拖延、军事上进攻的策略,由于中朝方面有了争取快、但不怕拖的指导方针,在谈判的同时对于敌人的进攻坚决回击。因此,美国导演的这场马拉松式谈判的结果是,中朝军队在战场上越战越强,不但坚守住了原有的阵地,而且通过1953年发动的"夏季攻势",把战线向南推进了332.6平方公里,迫使美军于1953年7月27日签署了《关于朝鲜军事停战的协定》。

在商务谈判中也有这样的情况。

20世纪90年代初,中国某电子仪器厂打算引进一条电子产品生产流水线。经过考察,发现日本某公司的产品处于世界领先水平,决定用最短的时间引进这条生产线。但日方自恃技术力量雄厚,要价过高,远远超过中国某电子仪器厂的价格底线。为此双方在谈判桌上展开了激烈的交锋。

经过几轮艰辛的谈判,日方仍然声称他们的生产线是世界之冠,独一无二,宁可不成交也不降价,而中方则表示根本不可能在这么高的价位上引进该生产线。双方互不相让,谈判陷入了僵局。但这个僵局对于急于引进先进技术改善生产的中方某电子仪器厂很不利,而日方也有意使用拖延的方式来向中方代表施压,强化自己的优势地位。

通过广泛调查,中方发现,日方的产品正受到韩国几家同类工厂产品的冲击,日方对此深感头疼。中方立即派人前往韩国考察。考察的结果是韩国产品不如日本,价格也不低。尽管如此,中方还是向韩国方面发出了邀请。很快,韩国方面做出了十分积极的回应,马上派出代表到中国进行考察和访问,韩国代表受到了中方代表的热烈欢迎。

原本高枕无忧的日方代表这才发现如意算盘打得太早了,一旦中韩合作,将会严重影响日本打开中国市场的美好前景。于是他们焦急地请求恢复谈判。再次谈判时,日方代表一改过去那副盛气凌人的姿态,千方百计地向中方表达合作诚意,表示愿意与中国实现长久的合作伙伴关系,并愿意在这次合作项目上给予中方最大的优惠。

此时，谈判场上的优劣势地位已经发生了改变。为了谈判成功，中方代表先委婉地批评了日方先前在谈判中以强压弱的心理，表示双方可以就价格问题再作商谈。日方因害怕韩国以价格优势中标，再次报价中提出了一个比较合理的价格，最后中方以自己满意的价格同日方达成了协议，日方也因此在中国开辟了市场，获得了长期利益。

上例中，电子仪器厂针对对方的故意拖延，没有一味因争取速度而屈服，相反他们将计就计，积极寻找外界因素改变谈判场上的劣势地位，最终使谈判达成了双赢的效果。

英国著名哲学家弗朗西斯·培根在《谈判论》一文中说："于一切艰难的谈判之中，不可存一蹴而就之想，惟徐而图之，以待瓜熟蒂落。"谈判者应根据谈判桌上的情况变化，适时调整并修改自己的谈判方案和战术对策，以适应谈判的客观需要，化不利为有利，最终实现既定目标。

8

忍耐再忍耐，坚持再坚持

西安事变和平解决后，为促成国共两党合作和抗日民族统一战线的建立，国共两党派代表在西安举行谈判。中心议题是解决红军改编和陕甘宁边区的地位问题。中共代表是周恩来、叶剑英，国民党代表是顾祝同、张冲、贺衷寒。当时，国民党正准备召开五届三中全会。为了促进国民党政策的转变，由毛泽东、张闻天等人酝酿和起草，中共中央于2月10日发出《致国民党三中全会电》，提出了著名的五项要求和四点保证。这是中国共产党第一次公开提出国共合作的条件。为了促成国共合作，一致对外抗日，在这项声明中，中共中央做出了重大的原则性让步，包括工农政府改名为中华民国特区政府，红军改名为国民革命军,接受南京中央政府与军事委员会的指导,停止没收地主土地的政策。在此基础上,国共两党代表继续谈判。1937年2月12日,双方达成了初步协议。

就在谈判顺利进行的时候,贺衷寒秉承蒋介石的旨意,将初步达成的协议改得面目全非,公然要求把红军和苏区完全置于南京当局的直接控制之下,中共中央认为不可接受,西安谈判告一段落。

虽然西安谈判告一段落,但中国共产党并没有放弃寻求与国民党合作的努力,仍希望通过谈判的方法消除国共两党之间的对立,促成两党合作及抗日民族统一战线的建立。

1937年5月下旬至6月初,周恩来与林伯渠带着中共中央草拟的《关于御侮救亡复兴中国的民族统一纲领草案》及十三个问题与蒋介石、宋美龄、宋子文、张冲在庐山谈判,即第一次庐山谈判。此次谈判中,蒋介石推翻了以前亲口许下的诺言,撇开周恩来带来的纲领不谈,提出要成立国民革命同盟会,企图把共产党合并到国民党中,取消共产党的独立性,并且要朱德、毛泽东离开红军出洋。关于陕甘宁边区问题,蒋介石坚持由国民党派人担任边区政府的正职官员。周恩来严词拒绝了蒋介石的要求。这次谈判虽未取得进展,但作为整个谈判的一个过程,它的作用不能低估。通过这次谈判,中共中央进一步摸清了蒋介石的真实意图,为下次谈判创造了条件。

7月7日,卢沟桥事变爆发。7月中旬,中共代表团抵庐山,与蒋介石、张冲、邵力子举行正式谈判,即第二次庐山谈判。中共中央竭力促成蒋介石发动全国抗战的最后决心,向各方面表示拥护蒋介石抗日,并向国民党递交了《中国共产党为公布国共合作宣言》。在这次谈判中,中共一方面作出重大让步,表示了真诚合作的意向,另一方面在一些原则问题上也表明了中共的强硬态度。

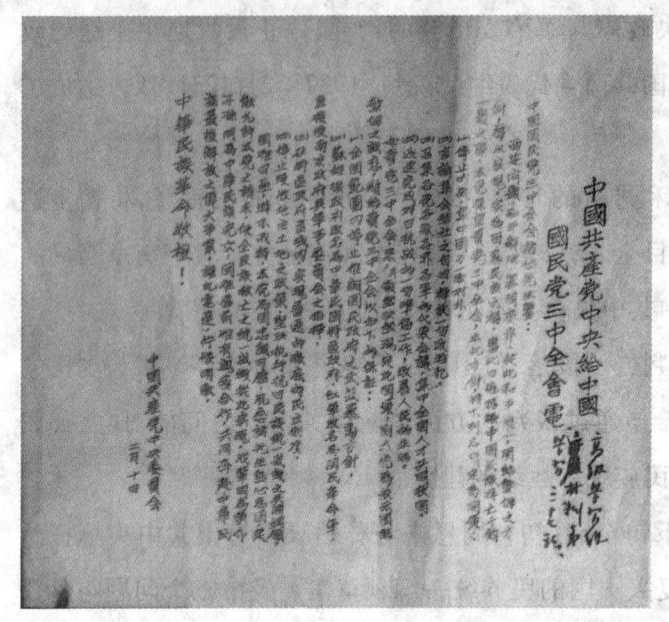

1937年2月,中共中央致电国民党五届三中全会,提出联合抗日的要求和保证。

1937年7月17日,蒋介石在庐山发表了动员抗战的讲话,表达了反对日本扩大侵略的强硬态度。中国共产党从团结全民族共同抗战的大局出发,在坚持独立自主原则的同时,承认了国民党的执政地位,两党的关系得到了改善,为第二次国共合作和建立抗日民族统一战线创造了条件。

两次庐山谈判和蒋介石发表庐山谈话之后,国共双方又在南京进行了两次正式谈判,最终在红军改编等问题上达成协议。1937年9月22日,国民党中央通讯社发表了《中国共产党为公布国共合作宣言》,第二次国共合作正式形成。

谈判不仅是能力与策略的较量,更是意志与耐心的较量,在半年多的时间里,中国共产党为了促成国共两党的合作,同国民党进行了多次艰苦卓绝的谈判,在忍耐中寻找平衡,在坚持中寻找成功。正像毛泽东说的那样:有利情形和主动的恢复,产生于再坚持一下的努力之中。坚持才能战胜困难,忍耐才能获得最后胜利。

在谈判中要有一定的忍耐力,要学会巧妙地坚持和等待。许多谈判的成功都是在最后一分钟取得的。最后的一分钟往往也是智力的较量,毅力的较量,意志和信心的较量。常言说"谁笑到最后,谁笑得最美"。农民的一年劳禄,收成就在收割的一、二天内;田径运动员的成功,就在最后冲刺的一瞬之间。商务谈判也不可输在最后一分钟。

曾有一个不速之客突然闯入洛克菲勒的办公室,直奔他的写字台,并以拳头猛击台面,大发雷霆,接着便恣意漫骂他达几分钟之久。办公室所有的职员都感到无比气愤,以为洛克菲勒一定会拾起墨水瓶向他掷去,或是吩咐保安员将他赶出去。然而,出乎意料的是,洛克菲勒并没有这样做。他停下手中的活,和善地注视着这位攻击者。那人愈

林伯渠(右三)、王若飞(右二)代表中国共产党与国民党谈判期间和张治中(右五)等合影。

暴躁,他就显得越和善。那无理之徒被弄得莫名其妙,渐渐平息下来。本来他是准备好了来此与洛克菲勒作对的,并想好了洛克菲勒要怎样回击他,他再用想好的话去反驳。但是,洛克菲勒就是不开口,他也就不知如何是好了。末了,他又在洛克菲勒的桌子上敲了几下,仍然得不到回响,只得索然无味地离去。洛克菲勒呢,就像根本没发生什么事一样,重新拿起笔,继续他的工作。

时间的流逝往往能够使局面发生变化,谈判在某种意义上讲更像是一场耐心的较量。在谈判中急于求成的一方通常会以一种咄咄逼人的姿态表现自己,以求在声势之中为自己攫取利益。如果我们对他的态度不作反应,采取忍耐的策略,以己之静待"敌"之动,以己方的忍耐消磨对方的棱角,挫其锐气,待其筋疲力尽之后,再作反应,就能以柔克刚,稳操胜券。

在谈判中,往往是谁先失去耐心,谁便丧失冷静而败下阵去。也就是说,失去耐心的一方,也就意味着失去了成功的机会。

第四章

谋形造势，创造有利氛围

　　谈判不仅需要谈判桌上的灵活应变、聪明才智，而且还要注重谈判之外的因素，也就是要与谈判对手的不同层次的人打交道，通过广泛联系，争取更多的支持。

第四章 谋形造势,创造有利氛围

昭告天下,先声夺人

随着市场经济的发展,谈判,尤其是商务谈判,早已成为许多人生活、工作的一部分。三尺桌面风云涌,八方英才唇舌剑!**如何在谈判桌上不辱使命、稳操胜券呢?关键是要掌握谈判的主动权。**谈判是个利益相争的过程,谁在谈判中占有主动权,谁就会拥有更多的胜算。

1948年底至1949年初,中国人民解放军在战略决战阶段中取得了重大胜利,从根本上改变了国内的军事政治形势。东北全境、华北和长江下游以北的绝大部分地区已获解放;国民党的军队,从发动全面内战时的430万人已减至200万人,且散布在从新疆到台湾的广大地区内和漫长战线上,陷入困境之中。面对严重的军事、政治危机,蒋介石于1949年元旦发表《新年文告》,提出要与中国共产党进行"和平谈判"。他的目的是企图通过谈判来争取时间,达到"划江而治",卷土重来的目的。

1月5日,毛泽东在为新华社撰写的《评战犯求和》的评论中,驳斥了蒋介石元旦发表的求和声明,揭露了国民党政权利用和平谈判保存反革命实力的阴谋。14日,毛泽东以中共中央主席的名义发表了《关于时局的声明》,指出:虽然中国人民解放军有充足的力量和理由,在不久的时间内,全部地消灭国民党反动政府的残余军事力量。但是,为了迅速结束战争,实现真正和平,减少人民痛苦,中国共产党愿意与南京国民党政府及其地方政府与军事集团,在废除伪宪法、惩办战争罪犯、接收南京政府一切权力、改编反动军队、没收官僚资本、改革土地制度、废除卖国条约、召开政协会议并成立民主联合政府等八项条件基础上进行和平谈判。毛泽东的声明,得到全国人民和各界民主人士的拥护。

1月21日,蒋介石宣布"引退",由李宗仁代理总统职务。李宗仁于1949年1月22日发表文告,表示愿意以中共所提八项条件为基础进行商谈。受李宗仁委托,2月24日,由章士钊、邵力子等16人组成的上海"和平使者团",与中共代表达成了关于国共和平谈判的非正式协定。3月26日,中共中央发表了同国民党政府进行和平谈判的决定,宣布4月

1949年4月1日,南京国民党政府和平谈判代表团到达北平。左起:刘斐、张士钊、张治中、黄绍竑、邵力子。

中共代表团周恩来、林伯渠等与国民党政府代表团在北平举行谈判。

1日在北平举行谈判,并确定了以周恩来为首的谈判代表,要求南京政府派遣代表团,携带谈判所必需的材料,按指定的时间、地点到达。

　　4月1日,国民党政府和谈代表团到达北平,同中共代表团就国内和平问题相互交换意见,至12日,双方拟定了《国内和平协定草案》。13日,双方代表举行了首次正式会议,周恩来将经过磋商拟定的《国内和平协定(草案)》,正式提交南京政府代表团,双方就此阐明了各自的立场与意见。15日,举行了第二次会议,中共代表团将《国内和平协定(最后修正案)》8条24款正式交付国民党政府代表团,限定南京政府于20日以前表明态度。

　　虽然,谈判最终是以国民党政府拒绝在协定文本上签字而宣告破裂,但我们不难看出,在这次谈判中,中国共产党是占有绝对主动的。在会谈之前及进行过程中,中共中央发表的评论和声明,起到了昭告天下的作用,在舆论上造成了一定的气势,为我们赢得了全国人民和各界民主人士的拥护。

在现代商务谈判中,先声夺人,获得谈判的主动权也很有必要。掌握谈判主动权,将使你在谈判中进退自如,这对于谈判能否取得令人满意的结果至关重要。

对于小食品企业来说,超市是不能放弃的通道,在超市风起云涌的今天,放弃了超市就等于放弃了未来。许多企业正是因为明白这个道理,才会不惜代价地往超市里挤。

张老板最近有点烦。2003年11月他盘下一家食品厂,工厂产品原来走的是超低价路线,渠道基本是农村的小卖部,生意一亏再亏。张老板接手后调整了口味,准备走中低档价格的超市路线。一个月的滚打摸爬下来,张老板跟许多小型企业主一样,只要一提起进超市就头大:"难呀,难于上青天!"作为小型企业,张老板的企业既缺少资金又没有名气,面对超市的高门槛几乎束手无策。但他并没有放弃,而是决定迎难而上。他很明白,在进场正式谈判前,需要做大量准备工作,进行精心的准备和计划,从而能使自己在知己知彼的基础上主导进程,才可以大大减少"意外"事情的发生,有助于达成合理协议。事实证明张老板这样做是对的。

张老板想要在A超市销售面包,但在进场费的问题上,与对方产生了巨大分歧,而且谁也说服不了谁。眼看着事情就要闹僵,张老板赶紧喊停。他本来还想采取软磨硬泡的办法,可对方根本不吃这一套。一些业务员劝他放弃这个硬骨头,但张老板认为,这个超市位处闹市"金三角",对企业销售与品牌二次传播意义都很重大,不能轻易放弃。在接下来的一段时间里,张老板有空就去这个超市的周围转悠。他发现,在A超市所在的这条街上盘踞着5个规模相当的超市,根据这一情况,他心生一计。

张老板采取的对策是先不理对方,而进行周边渗透。他采取了三个方法:第一,印制大量宣传单,每逢周末就在那些超市周围持续散发。第二,在超市周围举办现场品尝,以品尝带促销,每组两个女孩,穿上白色医用服装,一个负责招呼消费者,一个负责把面包切成小块,每块上插一个牙签,请消费者品尝。张老板在每个超市门前布置了一组,并且要求只品尝不销售。有一些消费者品尝后觉得味道不错,就直接到超市购买,但是超市没有这种货,找的人多了,自然就引起了超市的注意。第三,通过朋友在当地报纸发一些介绍面包时尚、导购类的文章,并适当地进行免费赠送。这三个策略把周边市场做成红红火火的景象,"这种产品不错、好卖"的印象让A超市的经理心里直痒痒,谈判很快就成功了。更让张老板高兴的是,其他超市不甘心看着别人赚钱,纷纷跟进,有的超市还直接找到厂里要求"引厂进店"。这样一来,张老板的难题便迎刃而解。

小企业要掌握市场主动权并不是一件容易的事,在市场力量的对比上,小企业往往处于劣势。所以,张老板认为,小企业在面对陌生市场时,最好不要贸然找经销商谈判,而是要先做好谈判前的准备工作,这是一个很重要的工作。经销商合作意愿低无非是怀疑你的产品能否畅销和有钱赚,厂家不妨先直接做终端,选择重点区域进行零店铺货、超市促销、家属区宣传活动等。当然做这些动作的目的决不是要做直营,而是造势——让这些准经销商看到"这个厂家挺有市场运作能力","这个产品稍做促销销量就可上升"。这样自然就能拉动经销商的合作意愿,变被动为主动。

这就说明,小企业在谈判中要学会通过创造条件营造有利态势,学会布局造势。造势可以使你在与经销商的谈判中占据主动,可以找到更好的经销商,可以争取客户更好的合作,使市场开拓更加顺利。相反,不经过造势和铺货直接进入市场,可能只能降格以求,找一个不太满意的经销商,而合同谈判时要做更多让步,客户支持力度也不够,厂家政策执行不到位。这样一来,市场拓展很可能就失败了。

2 广泛联系,争取支持

谈判不仅需要谈判桌上的灵活应变、聪明才智,而且还要注重谈判之外的因素,也就是要与谈判对手的不同层次的人打交道,通过广泛联系,争取更多的支持。

1945年,抗日战争胜利后,国共两党之争再次成为国内外关注的焦点。此时的蒋介石,一心想消灭共产党及其领导的人民军队,但对全面内战也有顾忌。权衡利弊之后,蒋介石在调兵遣将的同时,亦发动和平攻势,于8月14日、20日、23日连续三次电邀中共领袖毛泽东到重庆谈判。中国共产党经过认真考虑后,决定派毛泽东、周恩来、王若飞为代表,赴重庆与国民党谈判。8月28日,毛泽东等在美国驻华大使赫尔利、国民党政府代表张治中的陪同下,从延安乘专机赴重庆。

毛泽东在重庆谈判期间,不仅为与国民党的谈判操心,还在休会期间,由周恩来伴随,广泛开展对外活动,宣传中共的诚意和主张,广交朋友。英国研究中国问题的知名学者迪克·威尔逊在他所著的《毛泽东》一书中对毛泽东在重庆谈判期间的活动是这样描写的:"在这段时间里,毛巡回穿梭于茶话会、鸡尾酒会、欢迎会和记者招待会间,向中立的中国人阐明中共的观点,并向这个当时作为中央临时首都的城市里的外国人作各种说服工作。他除了会晤苏联、美国、英国、加拿大和

毛泽东在重庆期间,开展了广泛的社会联系。图为1945年9月16日,毛泽东同美国在华第十四航空队的士兵杰克·埃德尔曼等在第十八集团军重庆办事处合影。左一为办事处长钱之光。

法国大使之外,还会见了几个国家的援华组织领导人。他将他的《沁园春·雪》的抄件交《大公报》发表……","他告诉应招而来的外国记者:我到重庆来尽一切努力以达到和平"。

毛泽东、周恩来的外交努力,进一步对外阐明了中共维护和平、民主、团结的主张,赢得了广泛的同情和支持。国民党的元老冯玉祥、于右任都说:"中共的立场是得人心的,国民党再一意孤行,坚持独裁专政,会招致全国人民的反对!"

毛泽东等人在重庆的社会活动,赢得了冯玉祥等国民党上层人士的同情与支持。图为国民党军事委员会副主席冯玉祥。

对于现代商务谈判来说,人际交往更是一个不容忽视的因素。

某天,A公司应邀到B公司来进行商业谈判。到了约好的时间,B公司却派人说,由于公司经理出差还没回来,谈判要推迟几天,请A公司经理原谅。A公司经理明白,这是对方的缓兵之计。但他不动声色,痛快地应了下来。A公司经理在这几天里,并没有闲着,而是拜访了B公司的几位营业员,还请他们吃了顿饭。在闲聊之中,了解到B公司的一些相关情况,他感到心中有了底。

到了谈判桌上,双方因某个问题产生了分歧,没有得出最终结论,只好相约明天再谈。在谈判过程中,A公司经理发现无论谈起什么,总有不少人在那里友好地、面带微笑地聆听。由此A公司经理判断他们并非决策者,因为负责任的人是不会轻易微笑的。

A公司经理猜测他们也许是从其他公司刚刚调到这里的人,如果谈判随着这些人的态度进行下去,会大错而特错。不过,这部分人也有用处,可以把他们拉到自己这一边,帮助我们制造些有利的氛围。当你感觉到全场的气氛不太妙时,可以让他们发言,救你一把。所以在谈判休息期间,A公司经理立即交代下属去买了些礼物,以交朋友的名义拜访了他们。果然,在谈判过程中,出现了几次尴尬的气氛,都因这几个人的发言而缓和了,当谈判进入到最后阶段时,A公司事先从营业员那里套取的情报开始起作用了。情报的内容就是"决策人物参考谁的意见"。决策人物不等于关键人物,在决策者最后拍板的时候,能够说出最具参考价值的话的人,才是关键人物。所以A公司谈判人员没有直奔决策者而去,而是开始对关键人物展开攻势。终于双方在相互退让的基础上,达成了协议。

商务谈判的目的,不是战胜对方,而是争取对方。谈判者必须清楚地认识到人际关系是实现利益的基础和保障。谈判是不同利益主体之间就双方感兴趣的问题进行协商的社会活动。既然谈判是社会活动,就有人与人之间的一系列关系存在,这种人际关系不仅影响本次交易的成败,也关系到今后的交易,因此**建立良好的人际关系应看作一切谈判不可忽视的重要内容**。良好的人际关系会使谈判双方避开冲突性的利益而寻找共同性的利益;对立的人际关系则会使人斤斤计较,寸步不让,拘泥于立场拒不退让,大大削弱了谈判成功的可能性。除利益关系外,树立重视谈判者之间人际关系意识,有助于调和相互间的利益关系,建立长远合作的人际关系。这样,不仅增加了达成协议的可能性,而且为以后的往来交易铺平了道路,打下了基础。

私下交谈,化敌为友

1955年4月18日至24日,29个亚非国家和地区的政府代表团在印度尼西亚万隆召开亚非会议。这是亚非国家第一次在没有西方殖民国家参加的情况下讨论亚非人民切身利益的大型国际会议。由于会议在万隆召开,史称万隆会议。中国政府代表团由周恩来总理率领。在亚非会议上,周恩来不仅表现出高超的调解能力和出色的谈判艺术,在亚非会议陷入危机时,善于提出大家都能接受或者都觉得可以付诸讨论的意见、建议,而且还善于与持有不同意见的其他国家领导人进行私下沟通,化敌为友。

万隆会议的第二天,周恩来作了一次公开发言。4月21日,在周恩来大会发言后两天,各国代表团团长组成的政治委员会开会的时候,锡兰代表团团长科特拉瓦拉总理忽然退出会场,单独在他的别墅里临时举行了一个招待会。他公开宣称台湾应该取得独立国地位,建议将

周恩来率领的中国政府代表团在万隆亚非会议上。

台湾置于联合国或者亚洲国家的共同托管之下。在随后举行的会议上,科特拉瓦拉又公然提出要像反对西方殖民主义一样反对苏联殖民主义。而与科特拉瓦拉持类似观点的还有其他几个国家的代表,亚非会议遇到严峻挑战。

在科特拉瓦拉发表宣言后,周恩来不愠不怒。他首先在会场里明确表示中国不能同意科特拉瓦拉总理的一些言论,但不准备展开争论,并保留下次会上发表意见的权利。休会时,周恩来找到科特拉瓦拉,因为解铃还需系铃人,只有说服了科特拉瓦拉才能去做其他国家代表的工作。周恩来向他介绍了有关台湾问题的实际情况和中国政府的原则立场,他那诚恳的态度,坦率的言词,减少了科特拉瓦拉的疑虑,消除了对方的误解,最终使他同意不在会上展开争论。接着,周恩来又逐一向有关国家的代表团团长耐心介绍情况,阐述中国政府的立场和政策,争取他们的理解。由于周恩来的这些卓有成效的工作,使会议得以顺利进行。

第二天，科特拉瓦拉一改前一天的语调，委婉地说自己昨天的发言无意把会议引向分裂。随后周恩来发言，说自己和科特拉瓦拉已经在私下通过交谈彼此取得了谅解，虽然自己无法同意科特拉瓦拉新式殖民主义的解释，但赞赏科特拉瓦拉积极的精神。就这样，周恩来通过私下与科特拉瓦拉的诚恳交谈，化解了会议遇到的障碍，达到了化敌为友的目的。

私下交谈，可以被称为是两个人面对面的谈判。由于脱离了那种在谈判桌前的紧张敌对，更便于营造一种比较轻松的气氛，有利于缓和双方的情绪，促进谈判的成功。

乔治·伊斯曼是柯达胶卷的发明者。这项发明为他带来了财富，使他成为世界著名的企业家。成功后的伊斯曼，想要建造一所音乐学院

中国代表团坚持求同存异、平等协商的精神，受到各国与会代表的支持和拥护。图为参加亚非会议的各方人士纷纷请周恩来签名留念。

和一座剧院来纪念自己的母亲。消息传出后,很多人都想得到这份订单。纽约坐椅公司的董事长詹姆斯·爱德莫生也是其中的一位。当爱德莫生被带进乔治·伊斯曼的办公室时,并没有马上说起订单,而是环顾了一下办公室说:"你的办公室真漂亮,如果我有这么棒的办公室,我会尽心尽力的,你知道,我是个经营木材生意的人,但在我一生中,还从没有见过这么雅致的装潢。"伊斯曼回答说:"噢,要不是你提醒,我什么也不知道,这办公室确实不错,当我每一次使用时,心里高兴极了,现在因为事情比较忙,我几乎没空慢慢欣赏这个优美的建筑,只是习惯性地每天坐着办公。"爱德莫生摸着窗框,又说:"这是橡木做的吧。"伊斯曼回答:"是啊!那是从英国进口的,我朋友特地为我挑选的。"然后,伊斯曼还带他参观每一项设计,并谦虚地请他也为社会谋点福利,兴办一些学校或救济儿童,还拿了一些纪念照片给他看。爱德莫生的鼓舞和赞赏,激发了伊斯曼谈话的欲望。他又认真地说起童年时的往事。

爱德莫生在早上10点15分与伊斯曼见面,一个小时过去了,两个小时很快又过去了。结果可想而知,这个价值9万美元的订单,最后被爱德莫生争取到了。不仅这样,自此,他们成了最要好的朋友。

爱德莫生在这次谈判中,成功地运用了私下交谈的方法。两人开始见面后,他没有直奔主题,而是像朋友那样,以伊斯曼的办公室为题与对方聊起天来。亲切的交谈,拉近了两人间的距离,在这种热情友好中,两人顺利达成了协议。如果一开始,爱德莫生就对伊斯曼说他是来谈生意的,他想要得到那个订单。无疑,两人的关系会立即"敌对"起来,成为利益相争的对手。而私下交谈的方法,却有效化解了他们的敌对关系,让双方能够如同朋友那样交谈,并最终达成了协议。

诗唱词和，功夫在谈判之外

抗日战争胜利后，为了争取国内和平，毛泽东于1945年8月28日从延安飞抵重庆，与蒋介石进行谈判。这次谈判由于国民党没有诚意，所以进行得十分艰难。在重庆的43天中，中国共产党代表团除了在谈判桌上极力与国民党展开较量外，还注重在谈判桌外下工夫。尤其是毛泽东的那首《沁园春·雪》的发表，更是为中共赢得了不少人心、人气。

8月30日，毛泽东在重庆桂园宴请柳亚子等民主人士。9月6日，毛泽东在周恩来的陪同下，又到重庆沙坪坝南开学校津南村看望柳亚子。在寓所，柳亚子请毛泽东校正他准备收入《民国诗选》的毛泽东《七律·长征》一诗，并向毛泽东索取新诗。10月7日，毛泽东将《沁园春·雪》题赠柳亚子，并附信说："初到陕北看见大雪时，填过一首词，似与先生诗格略近，录呈审正。"得到毛泽东赠词后，柳亚子很快作出了和词《沁园春次韵和毛润之咏雪之作，不尽依原题意也》。不久，柳亚子将毛泽东的赠词与自己的和词，在中苏文化协会举办的"柳诗尹（瘦石）画联展"上展出，并将两词送交《新

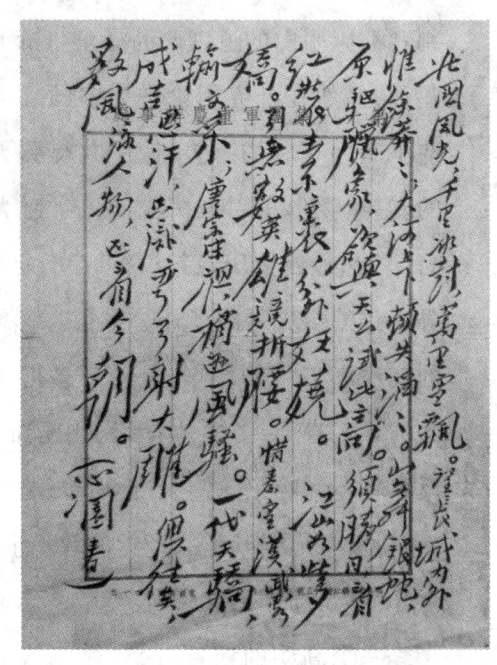

毛泽东在重庆期间，应老友柳亚子的要求，抄录自己1936年的词作《沁园春·雪》相赠。

华日报》，要求同时发表。大概是发表毛泽东的词需经本人同意的缘故，《新华日报》于11月11日单独刊出了柳亚子的和词。但由于柳的和词"小序"云"次韵和润之咏雪之作"，遂引起人们的极大注意，因为"润之"是毛泽东的字，所以人们都希望能读到毛泽东的原词。11月14日，重庆《新民报·晚刊》首次公开发表了毛泽东的《沁园春·雪》。这首词一经发表，顿时犹如一枚重磅炸弹，在重庆引起了巨大的轰动。一时间，人们争相传诵，好评如潮。

功夫在谈判之外，是每个有经验的谈判者都应明白的道理。毛泽东与柳亚子的唱和，显然在外界舆论中为中国共产党营造了一种有利的态势，使中共得到了更多的支持，无形中对国民党产生了巨大的压

毛泽东与柳亚子在北京。

力。虽然最终重庆谈判没有成功，但毛泽东的这首词，却为政治气氛十分紧张的山城平添了几分风雅。一阕《沁园春·雪》，充分展示了他博大的胸襟和盖世的才华，进一步赢得了人心，使人们从毛泽东和其他中共领导人身上，更多地看到了中国的光明和希望。甚至许多受国民党反共宣传影响很深的人，读后也很佩服。一时各大报章争相转载，唱和蜂起，极大地提升了共产党的政治形象与文化形象。对此，蒋介石虽然十分恼火，却也无可奈何。

一个高明的谈判者，往往先从中心议题之外开始，目的是努力创造一种和谐的交流气氛，然后再逐步引入正题。商务谈判中更加需要

"诗唱词和",当然这不是要让你真的去作诗作词,而是要你根据对方的喜恶爱好来选择谈论的题目,什么天文地理,轶闻趣事,轻松笑料等等,只要是能引起对方的兴趣就行了。因为谈论对方有兴趣的话题,容易与对方产生共鸣,会给对方留下很好的印象。如果能使对方有一种相见恨晚之感,就更能为谈判打下良好的基础,轻松和谐的谈判气氛,能够拉近双方的距离。切入正题之后就容易找到共同语言,化解双方的分歧或矛盾。

美国纽约的杜维诺面包公司远近闻名,他们的面包质量好,商家讲信誉,价格也便宜。杜维诺一直试图把面包推销给一家大饭店,可是一连4年,他每天给这家饭店的经理打电话,甚至还在饭店开了个房间,在那里谈生意,但是饭店经理就是不买他的面包。

杜维诺是个意志坚定、不达目的誓不罢休的人,他看到自己4年的努力毫无成效,就另想法子。他开始多方了解饭店经理所关心的事情。不久,他了解到经理先生是一个美国饭店协会的会员,十分热衷于这一协会的活动,还当选为该饭店协会的会长。不管协会的会议在什么地方召开,他都不辞辛苦地前去参加。了解了这些情况后,第二天,杜维诺去拜访经理先生时,绝口不谈面包的事,而是先谈论那个协会。经理先生十分高兴,跟他谈了半个多小时,而且还兴奋地要求杜维诺先生也加入这个协会。

几天后,这个饭店的采购部门给杜维诺打来电话,让他马上把面包样品和价格表送去。杜维诺喜出望外地赶到饭店,饭店采购部门负责人笑着问他:"我真猜不透你使了什么绝招,使我们老板这么赏识你?"杜维诺可真是有点哭笑不得了。他想:我们公司的面包远近闻名,价廉物美,可是我努力了4年连一粒面包屑都没有推销给他,现在仅仅由于我对他所关心的事情表示了关注,形势竟完全改观!

事情有时候就是这样奇怪！尤其是在商务谈判中，双方都想通过沟通交流，实现自己一方的某种意图。或许你花了许多时间和精力，结果却是"踏破铁鞋无觅处"；然而，一旦你在谈判中找到了对方感兴趣的话题，使上了巧劲儿，往往就能营造出一种宽松祥和、轻松愉快的谈判气氛。而人在轻松和谐的气氛中，多能耐心地听取不同意见，给人以更多的说话机会，谈判自然也就会"得来全不费工夫"了。因此，**高明的谈判者往往都是"功夫在诗外"**。他会在谈判中努力寻找与对方的共同之处，可谈酒成酒友，谈棋成棋友，谈网成网友，谈戏成票友……激起对方的信任和好感，谈判的结果多半是会成功的。

现身说法，让证据更有说服力

兵法云："兵以诈立。"谈判无定则，与"诈"相反的"诚"也是一种力量。谈判桌前的双方时时都在观察、分析、判断对方的品格、能力，并据此掂量对方的分量和可信程度。因此，在谈判中要说服对方就要首先取信于对方，一旦对方认可了你的坦诚就会减少对抗，进而也会以礼相待，以诚对诚。另一方面，证据确凿的现身说法也可以揭穿谈判对手隐藏的信息，从而使自己在谈判中化被动为主动。

1948年底到1949年初，人民解放军连续发动了辽沈、淮海、平津三大战役。经三大战役，国民党大势已去，中国共产党的胜利已经指日可待。但是在绥远地区，仍有十几万原隶属于傅作义的国民党部队，固守在归绥城中，在等候观望。如何解决绥远的国民党部队，成为国共双方以及社会各界十分关注的一个问题。

北平和平解放后，绥远守将董其武曾飞往北平，向傅作义表示愿

傅作义在对日作战中有过光荣的历史。

意和平解决绥远问题。3月,毛泽东正式提出"绥远方式"。3月23日,中国人民解放军平津前线司令部领导人开始与傅作义、邓宝珊谈判协商绥远问题。6月8日经董其武同意,双方签订了《绥远问题协商委员会关于绥远划界、交通、金融、贸易、派遣驻归绥联络机构等具体问题的协议》,即《绥远协议》。

当时绥远地区的情况比较复杂,大部分部队都是傅作义的老部下,还有一部分从辽沈战役逃奔过来的国民党的残兵败将。不甘失败的国民党政府为阻挠绥远的和平进程,从北平和平解放起就开始了破坏活动。不仅国民党特务到处散发传单,对赞成和平的人竭尽攻击、污蔑、恫吓之能事,制造谣言说傅作义已被中共囚禁,甚至投放手榴弹威胁来绥协助董其武的傅方人员王克俊;国民党政府行政院长阎锡山也亲自出马,利用绥远部队与山西的历史关系,一方面用金钱和地位拉拢军官,企图挑起叛乱,另一方面用明升暗降、架空军权的办法威胁董其武。

为保证《绥远协议》的各项条款落到实处,也为了促成绥远和平解放,中共中央华北局抽调富有统战工作经验和在金融、贸易、铁路工作等方面有专长的20多人,组成华北人民政府驻归绥联络处,协助董其武贯彻执行协议条款,宣传共产党和平解放绥远的政策,争取社会各界各族群众的支持。在当时,说服被国民党长期蒙蔽的群众是协议能否实施的关键。董其武等倾向和平解放的军政人员和各界人士决定:

请傅作义来绥远,亲自说服那些对和平解放持怀疑态度的人,处置几个顽固分子,清除和平道路上的障碍,促成和平起义。

8月25日,经毛泽东批准,傅作义和邓宝珊带着中共中央专批的20万银元和其他慰问品抵达归绥,开始了和绥远各阶层的联络工作。傅作义的到来不仅使国民党政府的谣言不攻自破,而且傅作义将军还以自己的地位和声誉,对中共政策现身说法,使得绥远军政当局绝大多数高级官员赞同绥远和平起义,和平解放的进程由此出现了较大转机。

9月19日,以董其武为首的绥远军政首脑和各族各界代表39人通电起义,绥远和平解放。

傅作义的现身说法表现了中国共产党对于起义部队的坦诚,也证明了中共政策的合理性,直接推进了绥远的和平解放。

商务谈判中也应重视事实的力量。在许多情况下,面对巧舌如簧的人,总是让人难堪至极——明知对方是谬论,却又无法还击,而此时

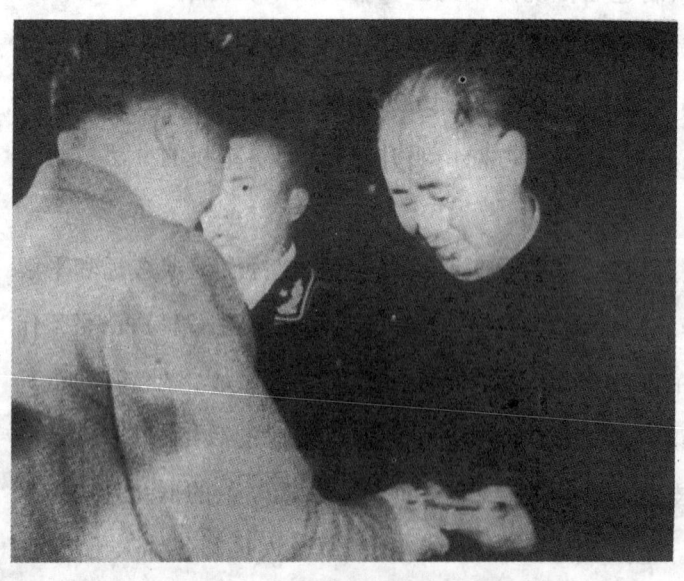

1955年,毛泽东将一级解放勋章授予傅作义。傅作义时任中华人民共和国国防委员会副主席。

掌握充分的事实依据是说服并战胜对手的有力法宝。

我国从日本S汽车公司进口大批FP148货车,使用时普遍发生严重质量问题,致使我国蒙受巨大经济损失。为此,我国有关方面向日方提出索赔。

谈判一开始,中方代表简明扼要地介绍了FP148货车在中国各地的损坏情况以及用户的反应。虽然只字未提索赔问题,但已为索赔说明了理由和事实根据,展示了中方谈判的威势,恰到好处地拉开了谈判的序幕。日方代表为摆脱劣势,故意采用模糊应对法,他们不动声色地说:"是的,有的车子轮胎炸裂,挡风玻璃炸碎,电路有故障,铆钉震断,有的车架偶有裂纹。"中方觉察到对方的用意,便反驳道:"贵公司代表都到现场看过,经商检和专家小组鉴定,铆钉非属震断,而是剪断,车架出现的不仅仅是裂纹,而是裂缝、断裂!而车架断裂不能用'有的'或'偶有',最好还是用比例数据表达,更科学、更准确……"日方淡然一笑说:"请原谅,比例数据尚未准确统计。"此时,中方觉得该是举证的时候了,便将商检、公证机关的公证结论,还有商检拍摄的录像等材料推向对方,在铁证面前,日方在质量问题上设下的防线被攻克了。

攻克日方在质量问题上设下的防线后,双方谈判的议题升级到索赔的具体金额上——报价,还价,提价,压价,比价,一场毅力和技巧较量的谈判竞争展开了。中方主谈代表擅长经济管理和统计,精通测算,甚至在技术业务谈判中,也认为只有事实和科学的数据才能服人。此刻,在他的纸笺上,在大大小小的索赔项目旁,写满了密密麻麻的阿拉伯数字,中方用数字说服了日方关于直接损失的赔偿。

此后,双方又开始就高达几十亿日元的间接经济损失赔偿金举行谈判。在这一轮谈判中,日方率先发言。他们也采用了逐项报价的做法,其口气好似报出的每一个数据都是不容打折扣的,最后,日方统计可以给中方支付赔偿金30亿日元。中方对日方的报价一直沉默不语，用心揣摩日方所报数据中的漏洞，把所有的"大概"、"大约"、"预计"等含糊不清的字眼都挑了出来，有力地抵制了对方所采用的浑水摸鱼的谈判手段。

在此之前，中方谈判班子昼夜奋战，液晶体数码不停地在电子计算机的荧光屏上跳动着，显示出各种数字。在谈判桌上，我方报完每个项目的金额后，都讲明这个数字测算的依据，最后我方提出间接经济损失费70亿日元！

面对中方有理有据的详细统计，日方震惊得目瞪口呆。最后几经周折，双方共同接受50亿日元的最终谈判方案。这样一场罕见的特大索赔案终于公正地交涉成功了！

俗话说，事实胜于雄辩，事实永远都为你的成功作证和加码。

6

兵临城下，增强威慑力

《孙子兵法》云："善战者，求之于势。"这个"势"是用来震慑对方的，所谓"用兵之道，攻心为上，攻城为下；心战为上，兵战为下"。

在谈判中，心理战也是一个很有效的策略。在有些情况下，采取"兵临城下"的大胆做法，作出强硬姿态，可以迫使对方接受我方的条件，或早日达成协议。

在解放战争后期，中国共产党在有关和平解放北平的谈判中就很好地使用了这种办法。1948年11月，辽沈战役胜利结束，淮海战役开始，华北的国民党军陷于惶恐不安、和战不定状态。华北"剿匪"总司令傅作义估计，东北的人民解放军至少需休整3个月才能入关作战，如抓紧这段时间,争取美援,将兵员扩军到100万,可在平津地区与共产党军队对抗;如能讲和,就成立联合政府,在华北与共产党平分秋色;如平津守不住,再西退绥远或南撤。为此,傅作义在调整军事部署准备固守的同时,通过女儿傅冬菊(中共党员)联系中共北平地下党组织致电毛泽东,要求举行谈判。还通过曾做过毛泽东老师的符定一到河北平山县西柏坡中共中央所在地传递和谈、主张搞成联合政府的信息。

此时,人民解放军可以迅速以武力解放平、津。但为了使平、津人民少受战争之苦,也为了保护古城的完整,还是接受了北平守军和平谈判的建议。针对傅作义这种既准备战,又想和谈,还要保存实力的心理,中共中央认为,傅有争取过来的可能,但他统帅着60万人的军队,非到不得已时是不会接受和谈的。为此,中共中央确定的方针是:在立足打的同时,力争傅作义放下武器,和平解放北平。具体做法是,以军事打击作为主要斗争手段,兵临城下,促使傅作义谈判。1948年12月11日,中央军委发布了《关于平津战役的作战方针》,提前发动了平津战役。东北野战军先遣兵团迅速秘密入关,进至冀东地区;华北第三兵团实行毛泽东从"西线开刀"的战略,突然包围张家口、新保安,华北第二兵团和东北先遣兵团一起,切断了平绥路东段,断了傅作义部队的西退之路;东北野战军主力夜行晓宿,以迅雷不及掩耳之势,对平、津、塘、唐实行战略包围,切断了傅作义部从海上南撤之路。至12月21日,完成了对华北国民党军的战略包围,使傅作义部完全陷入收不拢、跑不掉的境地。

为了争取和平解放北平,促使傅作义和谈,在中共中央华北局城工部部长刘仁的领导下,北平地下党组织从1948年春天就开始进行了一系列卓有成效的统战工作。当时北平地下组织有党员三千余人,党的外围组织有五千余人。他们发动各界群众开展了声势浩大的和平解

1949年1月31日,北平和平解放。图为人民解放军举行入城式。

放北平运动和护厂、护校斗争,尤其是利用各种关系开展对傅作义的统战工作。由学生工作委员会秘书长崔月梨和地下党员杜任之、刘学周等和傅作义的同乡、密友、老师刘厚同经常保持联系,刘厚同负责做劝说傅作义的工作;此外中共有关负责人还将傅作义的女儿傅冬菊同其爱人周毅之(地下党员)调来北平,劝说傅与中共合作。之后,傅冬菊就留在傅作义身边,一边照顾傅作义的生活,一边劝说他不要跟蒋介石走,并及时将他每天的动态,通过周毅之向王汉斌与崔月梨汇报。王、崔二人又及时通过地下电台报告刘仁,刘仁再转报平津战役指挥部。此外,北平地下党组织还派李炳泉通过其堂兄华北"剿总"少将联络处长李腾九几次找傅作义进言,并通过马占山等人做傅的工作。

在强大的军事压力和北平人民的强烈要求下,尤其是天津解放、解放军百万大军兵临北平城下时,傅作义才最后下定决心率部接受和平改编。这之后,双方又经过多次谈判,在中共北平地下组织和民主人士的积极劝说和促进下,特别是在毛泽东发表"八项和平条件"后,傅作义打消了顾虑。1949年1月22日双方终于签订《关于和平解放北平问题的协议》,北平宣告和平解放。

北平的和平解放,使这个文化古都得到了完整地保存,促使国民党军队日益瓦解,大大加速了全国解放的进程。这次谈判中,百万解放军对北平围而不打的策略给对方造成了巨大的心理震慑作用,与中共地下党的劝说相辅相成,有力地促成了双方的和谈。

在现代商务谈判中,企业也可以运用"兵临城下"的策略造成一种紧张气氛,形成强大的压力,迫使对方接受我方的条件。

1993年初,天津一家家用电器生产厂有一种必须从日本进口的零件库存告罄,仅够维持一个多星期的生产了。而在此之前与该厂一直合作得很好的那家日商已数次延迟发货,并传来信息:由于汇率及国际市场的行情发生了较大变化,这种零件的价格必须提高,否则将不能保证按时发货甚至中断合作。双方为此进行了艰苦的谈判。开始时,天津厂家的谈判代表采取诚心诚意的

1949年2月22日,毛泽东、周恩来会见到达西柏坡的傅作义等人。图为周恩来与傅作义在一起。

让步策略以期首先打动对方维持继续合作。但那位日商却得寸进尺,一再坚持他提出的提价幅度。中方代表又提出了再让第二步的方案。那位日商却不知见好就收,反而口气更加强硬,态度更加傲慢。

这时,中方代表一改和颜悦色的表情,满脸严肃而略带轻蔑的神态,目光直视日商,说道:"我们的库存虽然只够维持3个月的生产,但我们的技术人员已经搞出了技改方案,可以不用你的零件,半年后就可实施。虽然成本暂时高一些,还得停产3个月,但我们至少可以不受别人的制约!不受他人的要挟!你要没有合作诚意就没必要再谈了!"中方代表越说越激动,越说声调越高,然后猛地向椅背上一靠,冲着自己的副手一撇嘴,冷冰冰地蹦出两个字:"送客。"

这突如其来的变化和强硬的态度,弄得那位日商一时不知所措。这时,聪明的中方日语翻译恰到好处地开了句玩笑,化解了日商的窘态,双方重新坐下来继续"友好"协商,并最终达成了协议。有趣的是,那位"发火"的中方代表竟把他第二次的让步给收了回来。

兵临城下的策略可以达到理想的结果,但也应慎用,用时要做好前期工作。否则形势所迫,对方进退无路,如果再加压,军事对手就可能用破釜沉舟法来激励士兵拼命,商业谈判对手也会因无利可图而使生意告吹。因此,在兵临城下时也要给对手留条出路,也就是使用"围三阙一"的心理战法;此外,在用这一策略时需要做好"攻心"工作。上例中,解放军对北平实行包围之前就由中共地下党组织做了大量的劝说工作;天津代表"发火"时,又多亏翻译的密切配合,才达到预期的效果。

第五章

情报是获胜的保证

情报最容易给对方造成压力,从而有效达到说服对方的目的。从某种意义上说,商业谈判就是在谈判的双方进行的情报博弈。在这场博弈中起重要作用的因素不仅仅有谈判者的口才、素质、公司的实力地位,更重要的是各自所掌握的相关情报。

第五章 情报是获胜的保证

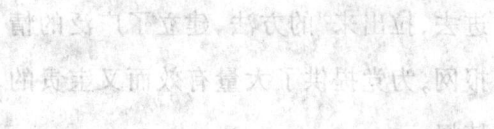

情报机关不可少

充足的准备工作自然少不了搜集情报,而情报的搜集则主要依靠高效的情报机关。要保证谈判的顺利进行,情报机关是必不可少的。

在中国共产党艰苦而漫长的斗争历程中,相对与敌人面对面作战的公开战场,还有一条为夺取革命胜利起过重要作用的隐蔽战线。这条秘密战线的斗争,直接影响到中国革命的进程。而中共地下党人则是这条秘密战线上的英雄。

在1927年11月至1931年12月的4年间,周恩来在上海严酷的白色恐怖下,创建和领导了中央特科。他以高超的智慧、过人的精力和缜密的部署,运筹帷幄,决胜于秘密战线,成为中国共产党情报和政治保卫工作的开创者,写下了充满挑战、惊险与传奇色彩的壮丽篇章。

特科作为中共中央的政治保卫机构,自成立的那一天起,便在周恩来的领导下展开了惊险而又极富有传奇色彩的地下斗争,运用"打进去,拉出来"的方法,建立了广泛的情报网,为党提供了大量有效而又宝贵的情报。

"打进去,拉出来",这是周恩来为情报科制定的六字工作方针。所谓"打进去",就是利用各种关系打入敌人的心脏部门,搞情报工作;所谓"拉出来",就是将国民党特务机关和帝国主义租界机关里能够利用的一些人争取过来,为我所用。中央特科建立后不久,党中央就在上海发出通报,要求各级党组织"得派遣一二个极忠实的同志到国民党党部以及某种反动机关做侦探和破坏的工作"。根据这一指示,周恩来先后派钱壮飞、李克农和胡底三人打进国民党最高特务机关,掌握了国民党特务机关的一些机密活动。他们深入虎穴,与敌人斗智斗勇,在党的地下斗争史上演出了极为惊心动魄的一幕。钱壮飞获得国民党中央组织部调查科科长徐恩曾的信任,升任上海无线电管理局秘书。胡底任南京民智通讯社负责人,后调到天津创办"长城通讯社"、"长江通讯社"等特务机构,使这些国民党的特务机构完全掌握在中共手里。同时,他们还指挥建造与设立秘密电台,为红军插上"空中的翅膀"。

钱壮飞(1895—1935),浙江吴兴人。1925年加入中国共产党。1928年考入国民党中统特务徐恩曾办的无线电训练班,后任徐恩曾机要秘书,为中共中央搜集过重要的情报。

在日常的商务谈判中,情报机关也是不可缺少的。情报作为谈判的第一筹码具有重要的意义。在谈判进程中,情报信息最具说服力。情报包括统计资料、实验报告、客户意见、违规资料、竞争报价等等。谁手中掌握了充分的情报,谁就能以事实向对方施加压力。

情报最容易给对方造成压力,从而有效达到说服对方的目的。从某种意义上来说,商业谈判就是在谈判的双方进行的情报博弈。在这场博弈中起重要作用的因素不仅仅有谈判者的口才、素质、公司的实力地位,更重要的是各自所掌握的相关情报。据了解,在美国年销售收入超过10亿美元的公司,已经有60%以上的建立了专门的竞争情报系统。在中国,竞争情报在北京、上海等地的发展已经颇具规模。

20世纪80年代,我国光冷加工的水平较低。为改变这种状况,国家决定为南京仪表机械厂引进联邦德国劳(LOH)光学机床公司的光学加工设备。南京仪表机械厂的科技情报室马上对劳公司的生产技术进行了情报分析。在与劳公司谈判时,劳公司提出要向中方转让24种产品技术,中方先前就对劳公司的产品技术进行了研究,从24种产品中挑选出13种,因为这13种产品技术已经足以构成一条先进完整的生产线。同时中方也根据对国际市场情报的掌握提出了合理的价格。这样,中方既买到了先进的设备又节约了大量的外汇。事后劳公司的董事长R.柯鲁格赞叹道:"你们这次商务谈

1927年11月,特科作为中共中央的保卫与情报机关在上海成立。图为当时的中共中央政治局机关所在地——上海云南路477号。

判,不仅使你们节省了钱,而且把我们公司的心脏都掏去了。"

1990年8月,某电子进出口公司经国内一家电器公司介绍与美国的一家股份有限公司签订两份销售合同,合同标的包括电视机、灯具等。随后,中方根据外方要求及合同的规定于10月下旬将货物装船运输,11月下旬及12月,外方两次来电称货已收到,但质量方面的问题需要进一步商谈。1991年初,中方就外方提出的所有问题一一做出回答,此后不见外方的任何反应。中方为了挽回企业的经济损失,决定通过法律手段予以解决。中方依照销售合同中的仲裁条款,向中国国际经济贸易仲裁委员会上海分会提出申请。仲裁委受理后发送了有关仲裁文件。但外方迟迟没有回音,经邮局查询,答复是"查无此公司"。显然,公司被骗了。

在第一个例子中,我国与联邦德国劳公司谈判的成功得益于对谈判背景、对方公司的产品技术等情报的全面搜集和分析;而在第二个例子中,我国某电子进出口公司被骗,也正是因为对对方情报的不了解。由此可见情报对谈判的重要性。首先,掌握了情报也就掌握了谈判成功的钥匙;其次,信息充分与否会直接影响到谈判的说服力。假如情报是错误的,谈判双方就会陷入混战;如果情报是正确的,就能引导双方朝着正确的方向迈进。正确的、有价值的、权威的情报能给谈判对手带来沉重的压力,还可以增强自己的说服力;最后,有效地运用情报就能做到知己知彼,百战不殆。

情报的重要性决定了情报机关设立的必要性。要加强情报机关的自身建设,完善工作机制,培养可靠的情报骨干。需要注意的是,搜集情报是一项认真细致的工作,要求一定的技巧。首先,要注意情报的完整性,如果情报不够完整,很容易被对方突破;其次,要保证情报的正确性,错误的情报不能说服对方;最后,要注意情报的深度,不断更新情报。只有保证情报机关有效运转,才能更好地收集情报,谈判也就会事半功倍。

情报骨干要可靠

在战争中,尤其是国与国的对垒中,情报工作是军事斗争的一部分,而情报人员这个特殊的职业人群,发挥了他们的重要作用。

在中国共产党的隐蔽战线上,李克农是最具传奇色彩的英雄之一。白色恐怖下的残酷斗争,红色苏区的保卫和建设;西安事变的酝酿与和平解决,重庆谈判的决策与促成;板门店停战协定的签订,日内瓦会场的巧妙较量等等,这些对中国革命与新中国建设前途与命运紧密相关的重大事件,都与李克农的名字紧密地联在一起。

李克农生于安徽省巢县,长于芜湖,很早就参加了革命。1929年底,调入中央特科,在周恩来的直接领导下工作。1931年4月顾顺章叛变,得知消息后,李克农首先考虑的是党中央及战友们的安全。他开始考虑怎样把这

李克农(1899—1962),安徽巢县人。1926年加入中国共产党。1928年至1931年在上海中共中央特科从事保卫工作,此后参与过多次重大谈判。

李克农在中央党校的听课证。

陈赓像

份十万火急的情报送到中央负责人手里。关键时刻,他急而不乱,想方设法找到周恩来,将情况详细向周恩来作了汇报。周恩来在陈云等人的协助下,机智果断地领导陈赓、李克农、李强等特科工作人员,抢在敌人前面,与敌人展开了一场惊心动魄的搏斗。

当天夜里,中共中央和江苏省委以及共产国际派驻上海的机关全部安全搬了家。同时由陈赓负责从各方面进行调查,以便及时采取措施,准备反击。

情报的获得完全依赖于情报人员的能力与忠诚,正是由于像李克农这样大批优秀的情报骨干的存在,才使得中国共产党在一系列关系到中国革命命运的重大行动中掌握了主动,赢得了胜利。

新中国成立后,毛泽东在一次与外宾谈话时说:"李克农是中国的大特务,只不过是共产党的特务。"

在商务谈判中,情报的充分同样是谈判成功的前提,而情报骨干更是情报工作中的重中之重。

在美国南北战争接近尾声时,市场上猪肉价格飞涨。商人亚默尔认为这只是暂时现象,一旦战争结束,猪肉价格就会稳定。他密切关注着战事的发展,坚持每天读报。他从报纸最新消息中推测南军败局已定,但不知还会坚持多久。一天,一则很普通的新闻吸引了他。新闻说,一个神父在李将军的营地遇到几个小孩,他们手中拿着许多钱,问神父什么地方可以买到面包和巧克力。孩子们告诉神父,他们已经两天没有吃到面包了。神父问:"你们的父亲呢?"孩子们回答说,他们的父亲是李将军的军官,也是几天没吃到面包了,带回的马肉很难吃。

亚默尔读着这条新闻,立即作出判断,南军缺少供应,而且已经到了宰马吃的地步,说明战争的结束已经迫在眉睫了。他认为时机成熟,立刻到东部市场与销售商进行谈判,提出了一个大胆的"卖空"销售合同,以较低的价格卖出一批猪肉,约定迟几天发货。当地销售商当然乐于进货,立即表示同意。结果不出亚默尔所料,不几天,战局和市场都发生了根本性的变化,他净赚了百万美元的利润。

在这个例子中,亚默尔不仅担当了谈判人员,同时也是情报人员,正是因为他的正确分析,得到有效的情报,才获得了巨大的利润。

现代商务谈判中,职能分工比较明确,情报人员往往由专人担任。但无论是兼职还是专任,情报骨干对谈判的影响都是不可忽视的。选择优秀忠诚可靠的情报人员,是谈判取胜的重要法宝。

"谍"来"谍"去非常妙

孙子说:"先知者,不可取于鬼神,不可象于事,不可验于度,必取于人,知敌情者也。"意思是讲,了解敌情不能求神问鬼,不能类推,不能臆测,只能从知道敌情的人那里获得。孙子又说:"故三军之事,莫亲于间,赏莫厚于间,事莫密于间。"军队的各种事务中,最亲信的是间谍,赏赐最多的是间谍,行动最机密的还是间谍。由此可见,间谍在战争博弈中的作用。

间谍是为各自阵营服务的,有间谍就会相应的有反间谍,双方都会在间谍情报上下足了工夫,以求得到最准确而及时的情报,夺取最后的胜利。

1946年1月,根据国共双方达成的停火协议,在北平成立了军事调处执行部,负责监督双方执行停战令。中共代表团开赴北平,李克农任秘书长,率电台、机要科和相关人员住在翠明庄。

翠明庄虽环境优美,但因其对面左右两侧楼房都驻有国民党的特务机关,甚至连一些服务员也是由国民党特务乔装改扮的。中共人员举手投足,无一不在特务的密切监视下。所以这里的气氛并不轻松,斗争依然激烈。

对此,李克农制定出了反监视的方案:一是将电台和机要科集中在翠明庄南楼,派专人把守,严密防范,不准闲杂人员进入;二是要求所有工作人员一律自己料理生活,不允许"服务员"擅自入楼。

翠明庄里有些"服务员"打扫房间、取换衣服、倒纸篓都非常勤快。李克农明白这些人是由特务伪装的,他们是想从获取到的片纸只字中分析了解中共内情。李克农将计就计,时常在一些纸头上写写画画,然后把纸撕成小块扔到纸篓里。有人不解其意,李克农笑着说:"这些特务既然对这些感兴趣,就让他们拿去慢慢研究好了,反正他们待着也没事干。"

后来得知,军统特务对这些纸片上的"情报"很重视,安排人绞尽脑汁专门研究,白耗费许多力气后才知道上当了。

令人虚惊一场的事也时有发生。一次,中共代表团正在与外界进行电台联络,忽然发现有可疑电波。有人窃听!李克农立即指示:缜密侦察。原因很快查出来了。原来是国民党特务在翠明庄的一个隐蔽地下室,偷偷架设了一部小型电台,专门偷抄中共代表团的电报。

几天后,中共代表团在谈判桌上向国民党当局提出严重抗议,指控国民党特务偷抄电报,证据确凿,不容抵赖。国民党和美国代表无言以对,只好连声应付:"对不起,马上查办。"很快,那部小型电台被悄然撤走,神秘的电波消失了。

现代商业谈判中,间谍的运用也非常普遍。

1973年,苏联人故意在美国放风,说打算挑选美国的一家飞机制造公司为苏联建造一个世界上最大的喷气式运输机制造厂。如果美国的公司条件不合适,就同英国或联邦德国做这笔生意。包括波音公司在内的三家美国飞机制造公司都想得到这笔生意,于是各公司背着本国政府同苏联政府谈判,而苏联政府则作出一副犹豫不决的样子。波音公司为抢到生意,首先同意苏联政府的要求,让20名苏联专家到飞机制造厂去参观考察。苏联专家在波音公司被奉为上宾,他们不仅仔细地"参观"了全部的生产线,而且还钻到机密的实验室里认真考察,拍了成千上万的照片。苏联专家走后,波音公司期待着苏联方面的好消息,然而苏联方面却就此杳无音讯。不久,美国人发现苏联自己造出了"伊柳气式"巨型喷气式运输机,其主要技术采用了波音公司的技术。

在当今的市场竞争中,商业间谍无处不在。谈判有时就是双方间谍的斗争。在谈判中,我们可以利用间谍人员去获得对谈判有利的情报,同时,也要防止对方间谍的窥探。

多方搜集才可靠

毛泽东等老一辈无产阶级革命家一贯强调指挥员应灵活运用一切可能的和必要的侦察手段,如组织谍报侦察、技术侦察、军队侦察、群众侦察,研究敌人报纸和通信社的报道以及依靠战区党政机关等,通过这个侦察手段,多方获取情报。毛泽东指出,对关系战争、战役、战斗全局的重大情况,更要综合运用多种侦察手段实施侦察,取长补短,确保情报的及时性、准确性和连贯性。充分发挥军事侦察力量的整体作用,多方获取情报。

中国共产党的秘密情报工作,从创建中央特科起,已有60多年的历史了。随着秘密工作的发展,以毛泽东为代表的老一辈无产阶级革命家不断总结这一方面的实践经验,并使之上升为理论,以指导秘密工作的深入开展。1935年12月底,毛泽东在听取白区秘密工作的汇报后,作出了"隐蔽精干、积蓄力量、不要轻举妄动、要长期埋伏、等待时机"的重要指示。尔后,他又结合形势的发展和工作需要,多次对此做了解释和说明,并将其正式写进党的重要文件。随后,周恩来及其领导的中共中央南方局,在执行这一方针时,针对国民党统治区的特点,又提出了"三化"(职业化、社会化、合法化)、"三勤"(勤业、勤学、勤交友)等秘密工作的具体原则、方式、方法与要求。

这个秘密工作的"十六字"指导方针和"三化"、"三勤"的具体原则,是结合当时具体条件灵活运用中国传统"用间"理论的光辉典范,是对传统"用间"理论的重大发展。它不仅指导中国共产党和人民军队以往的秘密工作取得一个又一个的胜利,而且对我党我军开展现代国际调研工作具有重大的指导意义。

情报工作有其特殊性,但并不神秘。毛泽东指出:兵民是胜利之本。革命战争是群众的战争,只有动员群众才能进行战争,只有依靠群众才能进行战争。他从人民战争的战略思想出发,十分强调人民群众在侦察敌情、传递情报、封锁消息、担任向导等方面发挥的重要作用。

在历次革命战争中,人民军队与人民群众紧密结合,开展了广泛的群众性侦察活动,形成了无比强大的战斗力量。这种群众性的侦察活动,不仅直接提供了大量情报,在清除奸细、封锁消息等方面发挥了重要作用,而且对军事侦察解决主要侦察方向和次要侦察方向的问题,以及侦察不间断进行等问题都提供了极大的便利。可见,开展人民群众侦察,是人民军队侦察情报工作的一个显著特点,是人民战争思想和群众路线在侦察情报工作中的具体体现,是广泛获取情报的重要途径。开展群众性的侦察,是广泛获取情报的重要途径。

毛泽东提出的关于情报分析判断的"十六字诀","去粗取精、去伪存真、由此及彼、由表及里",即是对客观情况进行全面的和本质的分析研究的科学方法,也是认识情报的一个完整过程。通过侦察、调查所获得的情况,往往是表面的一时的现象,有的真伪混杂甚至互相矛盾。因为在多数情况下,敌方也很重视保守秘密工作,也要采取佯动、伪装、干扰、对抗、舆论、反间等欺骗措施,隐蔽他们真实的行动和企图,使我方难以判断虚实。加上战争的流动性,使敌方情况的某种"确定性",也随战场形势的变化而具有时间的短暂性。进而,如果主观上观察事物和分析问题的立场、方法不对头,即使侦察得来的材料十分丰富和准确,也可能从中得出错误的判断。因此,只有运用马克思主义的立场、观点和

解放战争时期,中共平津地下组织在中共晋察冀中央局城工部(后改为华北局城工部)的领导下,搜集了大量十分重要的敌军情报。图为1947年冬,城工部部长刘仁(中排右二)与部分工作人员合影。

方法,对各种来源的情报材料进行科学的分析研究,才能从中引出其固有的而不是臆造的规律性,从而抓住敌人的本质,预见其行动趋势。

在商务谈判中,谈判双方都会从不同的角度通过不同的手段来获取信息。关于谈判的内容,对手的情形等等,都需要多方了解。在做这些准备工作时,别忘记要从多方面搜集信息,还要对搜集来的信息进行整理、分析和研究。只有这样,才能使这些信息转化为有效的"情报",对谈判有所帮助。

美国有位谈判专家想在家中建个游泳池,建筑设计的要求非常简单:长30英尺,宽15英尺,有温水过滤设备,并要求在6月1日前完成。谈判专家对游泳池的造价及建筑质量方面是个外行,但这难不倒他。在极短的时间内,他不仅使自己从外行变成了内行,而且还找到了质量好价钱便宜的建造者。

谈判专家先在报纸上登了个想要建造游泳池的广告,具体写明了建造要求,结果有A、B、C三位承包商来投标,他们都拿出了承包的标单,里面有各项工程的费用及总费用。谈判专家仔细地看了这三张标单,发现所提供的温水设备、过滤网、抽水设备、设计和付钱条件都不一样,总费用也有差距。

接下来的事情是约这三位承包商来他家里商谈。第一个约好早上9点钟,第二个约定9点15分,第三个则约在9点30分。第二天,三位承包商如约而来,他们都没能马上得到主人的接见,只得坐在客厅里彼此交谈着等候。

10点钟的时候,主人出来请第一个承包商A先生进到书房里商谈。A先生一进门就宣称他的游泳池一向是造得最好的,好的游泳池的设计标准和建造要求他都符合,顺便还告诉主人B先生通常使用陈旧的过滤网,而C先生曾经丢下许多未完的工程,并且现在正处于破产的边缘。接着又换了B先生进到书房。从他那里,谈判专家又了解到其他人所提供的水管都是塑胶管,只有B先生所提供的才是真正的铜管。随后,C先生则告诉谈判专家,其他人所使用的过滤网都是品质低劣的,并且往往不能彻底做完整个工程,拿到钱之后就不管了,而他则是绝对做到保质保量的。

这位谈判专家通过静静的倾听和旁敲侧击的提问,从三个人那里获取了大量的信息。经过思考和整理,他基本上弄清楚了三位承包商的基本情况,发现C先生的价格最低,而B先生的建筑设计质量最好。由于事先做了细致的调查取证,早以成竹在胸,他选中了B先生来建造游泳池,而只给C先生提供的价钱。经过一番讨价还价之后,谈判终于达成一致。谈判专家花了较少的钱,而有了较大的收获。

从某种意义上讲,谈判中的价格竞争也是情报竞争,把握对手的精确情报就能在谈判的价格竞争中取胜。

在这方面需要切记的是,情报的收集要系统全面。如你要了解小麦的市场情报,就必须同时了解其他粮食作物的供销现状和各主要进出口地的供求情报,这才有利于采取正确的方式和策略与对手谈判。情报的搜集渠道越多,方法越灵活,综合得到的情报质量就会越高,可靠性必然越强。平时注意对情报的多方收集和处理,在谈判中就能够游刃有余。

5

情报保密要做好

有权威研究表明,竞争情报的90%以上的内容都是因为对手自身保密不严而透露出来的。有些行业是集团式运作方式,集团公司和分公司的保密意识各不相同,即便是集团公司有意加强保密的内容,也会因为地方公司的不经意而透露出去。因此,目前实施了竞争情报的企业都建立了反情报系统,对电子文档和书面文稿进行较严格的保密措施,即便对本企业的合作伙伴,也要求较严格的背景审查和法律保护。

在中国共产党的发展史上,情报斗争是一个重要的领域。加强情报保密工作,是中国革命取得成功的重要因素之一。

军队作战离不开通信联络,通信兵是人民军队的重要组成部分,被毛泽东誉为"科学的千里眼、顺风耳"。但是,通信联络在便利我军指挥与调动的同时,弄不好也可能造成泄密事件。为了加强通信联络中的保密工作,早在土地革命战争时期,红军就制定了无线电通信保密制度、无线电保密工作纪律等一整套有利于无线电通信保密的通报规则,颁发了电台工作条例。在抗日战争时期,随着百团大战等一系列战役与战斗的胜利,日伪等特务机关也加强了对八路军无线电通信的干扰与侦破,曾连续发生过多起冒充与干扰我军无线电通信的事件。为了进一步加强无线电通信中的保密工作,八路军参谋长叶剑英、军委三局局长王诤联名发出通令,重申电台工作条例,纠正忽视纪律和通信联络中的松懈现象,并进一步完善了无线电网络分割制度,如组建党的系统无线电网、政府系统无线电网、对敌军工作的密台通

中国共产党的领导机关一直十分重视情报保密工作。图为第二次国内革命战争时期,中共顺直省委以伪装封面印发的《中央关于建立秘密工作的报告》。

为了保密起见,中央领导人转战陕北时都使用了化名。图为周恩来在转战陕北途中使用的木箱,上面写着他的化名"胡必成"。

信网、对敌占城市党的密台无线电通信网,全公开性的新闻通信网、半公开性的战报通信网、半机密性的情报通信网和全机密性的指挥通信网等。这样做,一方面实行报量分流,提高了时效性,另一方面增强了核心密台的安全性。

新中国成立以后,为了保守党和国家的机密,中央决定将地方系统的无线电台撤销,由军队统一管理党政军各首脑机关的无线电通信。1951年10月,中央军委颁发了《军队电信保密条例》。1952年,中央军委又组织对全国党政军系统的无线电台进行普查登记,以加强无线电管制,防止空中泄密。为了防止电话泄密,1956年,建立了中央军委通达各大军区的专线(长途)、专缆(市话)、专架(配线)、专台(交换),并加装保密机的专用长途保密电话网,即1号台。建立了党中央、国务院通往各省的专用保密电话网。

以上这些措施,有效保障了党政军领导机关的指挥畅通,加强了保密工作,防止了泄密事件的发生。

在谈判过程中,己方的情报一定要十分保密,包括商品价格、交易方式、己方的劣势及意图,以及与谈判相关的其他重要情报,都不能让对手窃取了。在下面的例子中,Mike就不经意地将情报泄露出去,让对手一举击败了。

　　Mike代表公司业务部到日本卖咖啡。一下飞机,立刻有两三个西装笔挺的日本代表向他行了一个九十多度的大礼,请Mike上最好的轿车,然后问Mike累不累,表示对他的关怀,请他这几天先好好休息轻松一下。他们了解Mike路途的辛劳,对于Mike这样的贵宾,难得到日本一趟,一定会全力使他的日本之旅舒适愉快。他们也请Mike将一些琐碎的事务交给他们来处理就好,比如说机场来回接送之类的事情等。他们还关切地询问Mike:"哪天要回美国?我们可以先帮你预约接送的车子。你知道我们日本人的英文比较差一点。您如果直接和旅行社联络,他们可能会误解你的意思,这种事情由我们来代劳可能会比较容易一些……"Mike被捧得飘飘欲仙,心想:"这些日本人真是想得周到,连这些小事都替我考虑到了。"于是,他立刻把机票拿出来给他们看并抄下班机时间——下个星期五,下午五点半。接下来的几天里,日本人带着Mike东逛西逛,介绍日本文化、学禅、吃寿司、看日剧……每当Mike问:"我们什么时候来谈谈生意呢?"日本人就说:"不急,不急,我们有的是时间。"一直到隔周的星期三,他们才开始谈。到了星期四的下午,Mike才发现日本人的英文确实很烂!花了一天工夫讲得口干舌燥,日本人还是听不大懂他说什么,他得花好长的时间来解释。星期四晚上六点了,还是谈不出什么结果来。七点钟,日本人已经准备好了离别宴会要给他饯行了。星期五早上,终于开始谈合约内容的详细细节。到了中午一点钟,接Mike到机场的车子已经在会议室门口等待了。Mike只得匆匆忙忙跳上车子,可日本人还拿着合约谈价钱。等车子到了机场时,Mike简直要急疯了,因为日本人还在问咖啡的运费和保险可不可以由美国来负担!在这种压力下,Mike最后还是签订了谈判协议。然而,因为时间太仓促了,这份谈判合约对Mike的公司来说实在不利。

　　为什么Mike会输得这么惨?因为日本人知道了Mike的期限,而

Mike却不知道日本人的期限。其实,日本人也一定有他们的期限的,说不定日本公司必须在这个月底前把咖啡的供应商搞定,否则会赶不及把货运给批发商;说不定他们知道另一家竞争对手也可能在下星期向Mike所在的公司买咖啡,他们得抢在那家公司前面把货源给定下来;说不定他们公司现在正周转不灵,还等着转售这笔咖啡来赚一笔现款呢……只不过这些日本人表现得一副轻轻松松、不慌不忙的样子,让Mike根本感受不到他们心中的焦急。

谈判时限是指谈判者完成特定的谈判任务所拥有的时间。谈判时限与谈判任务量、谈判策略、谈判结果都有重要的关系。谈判者需要在一定的时间内完成特定的谈判任务,可供谈判的时间长短与谈判者的技能发挥状况成正比。时间越短,对谈判者而言,用于完成谈判任务的选择机会就越少。哪一方可供谈判的时间越长,他就拥有较大的主动权。了解对方的谈判时限,就可以了解对方在谈判中会采取的态度、策略等,己方就可制定相应的策略。在大多数谈判中,绝大部分的进展和让步都要到接近最后期限的时候才会发生。因为只有到接近期限的时候,才有足够的压力逼迫谈判者做出让步。因此,对谈判者而言,最好不要让对方知道自己的谈判期限,否则,他们就可以很轻易地操纵你的情绪,使你不安,使你渴求协议,甚至接受对方的不合理要求。当然,商务谈判中的一个重要的策略,就是要注意搜集对手的谈判时限信息,辨别表面现象和真实意图,做到心中有数,针对对方的谈判时限制定谈判策略。可见,Mike失败之处就在于轻易地将自己的谈判期限告诉了对手,使自己陷入了被动的局面。

第六章

把握进程,掌握火候

  开展工作讲究艺术,军事斗争讲究艺术,为人处世也讲究艺术,谈判就更需要讲究艺术了。因为谈判本身就是一门科学、一门艺术。完美谈判之中的各个环节都要进行艺术处理,开局阶段尤其如此。

开局：空气甚为愉快

开展工作讲究艺术，军事斗争讲究艺术，为人处世也讲究艺术，谈判就更需要讲究艺术了。因为谈判本身就是一门科学、一门艺术。**完美谈判之中的各个环节都要进行艺术处理，开局阶段尤其如此。**

谈判开局的目的在于创造谈判成功的条件。开局时期所营造的气氛对谈判能否取得预期效果，具有重要的意义。美国总统杰弗逊曾经针对谈判环境说过这样的话："在不舒适的环境下，人们可能会违背本意，言不由衷。"英国政界领袖欧内斯特·贝文则说，根据他平生参加的各种会谈的经验，他发现，在舒适明朗、色彩悦目的房间内举行的会谈，大多比较成功。

商务谈判的开局对整个谈判过程起着非常重要的作用，往往关系到谈判双方所持有的态度与诚意，关系到谈判的格调和走向。一个良好的开局会为以后的谈判打下良好的基础。

所谓开局,就是指一场谈判开始时,各方之间的寒暄和表态以及对谈判对手的底细进行探测,它为影响、掌握以及控制谈判进程奠定基础。开局阶段的具体目标常常建立在轻松、诚挚气氛的基础上,力争继续巩固和发展已经建立起来的和谐气氛,并在进入实质性谈判前,双方就谈判程序及态度、意图等取得一致或交换一下意见。此外还要摸清对方的真正需要,尽快掌握对方有关谈判的经验、技巧、作风方面的信息,以及使用的谈判谋略等,特别应注意摸清对方对要成交买卖的期望值的大致轮廓,做到心中有数。对整场谈判而言,开局起着相当重要的影响和制约作用。它不仅影响着双方的力量对比,决定着双方的态度和方式,同时也决定着双方对局面的控制,进而影响着谈判的结果。从这一点来说,我们应该研究谈判的开局,把握和控制谈判的局势。

谈判气氛是谈判对手之间的相互态度,能够影响谈判人员的心理、情绪和感觉,从而引起相应的反应。因此,谈判气氛对整个谈判过程具有重要的影响,其发展变化直接影响整个谈判的前途。任何商务谈判都是在一定的气氛下进行的。每一场谈判都有其独特气氛:有的是冷淡的、对立的;有的是积极的、友好的;有的是平静的、严谨的;有的是简洁明快、节奏紧凑、速战速决;有的则是咬文嚼字、慢条斯理、旷日持久。不同的谈判气氛对谈判的影响不同,一种谈判气氛可在不知不觉中把谈判朝着某种方向推进:比如热烈的、积极的、合作的气氛会把谈判朝着达成一致协议的方向推进,而冷淡的、对立的、紧张的气氛会把谈判推向更为严峻的境地。因此,在谈判一开始,营造出一种合作的、诚挚的、轻松的、认真的和解决问题的气氛,对谈判可以起到十分积极的作用。

谈判气氛在谈判一开始就已形成,但必须在整个谈判过程中都加以保持,这就需要双方谈判人员的共同努力。谈判双方见面后的短暂接触,对谈判气氛的形成具有关键性的作用。双方的目光、动作、姿态、表情、气质、谈话内容及语调、语速等,都会直接或间接地影响到谈判气氛。

实际上,当双方走到一起准备谈判时,洽谈的气氛就已经形成。热情还是冷漠,友好还是猜忌,轻松活泼还是拘谨紧张,都已基本确定,甚至整个谈判的进展(如谁主谈、谈多少、双方的策略)也都受到了很大的影响。当然,谈判气氛不仅受开局时的影响,双方见面之前的预先接触、谈判深入后的交流都会对谈判气氛产生影响,但谈判开始瞬间的影响最强烈,它奠定了谈判气氛的基础。此后,谈判的气氛波动比较有限。

谈判开局气氛是由参与谈判的所有成员的情绪、态度与行为共同制造的,任何谈判个体的情绪、态度与行为都可以影响或改变谈判开局气氛;与此同时,任何谈判个体的情绪、思维都要受到谈判开局气氛的影响,呈现出不同的状态。因此,营造一种适宜的谈判开局气氛,从而控制谈判开局,控制谈判对手,对于谈判者来说就显得非常重要。

1972年2月,美国总统尼克松应邀访问中国。在中国为他举行的欢迎宴会上,他竟然听到了一支十分喜爱的乐曲:《美丽的亚美利加》。他原本没有想到在中国能听到这支赞美自己家乡的乐曲,不禁为中国方面的热情友好所感动。中美双方的第一次首脑谈判也由此增添了几分良好、和谐的气氛。

日本首相田中角荣在20个世纪70年代为恢复中日邦交正常化到达北京,他怀着等待中日首脑会谈的紧张心情,在迎宾馆休息。迎宾馆内气温舒适,田中角荣的心情也十分舒畅,与随从的陪同人员谈笑风生。他的秘书早饭茂三仔细看了一下房间的温度计,室内温度是17.8度。这是田中角荣最感舒适的温度。舒适的温度使田中角荣心情舒畅,也为以后两国政府谈判的顺利进行创造了良好的条件。

商务谈判中也有类似的例子。某摩托车企业销售人员迫于销售指

1972年9月,日本内阁总理大臣田中角荣访华。图为毛泽东与他会见前握手。

标的压力,想要求某经销商增加提货200台车。该经销商已经完成了任务,而且库存不小,但其他区域销售太差,只有希望那家销售不错的经销商帮忙了。怎么办？如何开口呢？如果对方一口回绝那就麻烦了。于是,这个销售员一脸憔悴地去见经销商,除了唉声叹气就是帮着经销商在店里理货,他摆出一副强打精神的样子,但绝口不提要经销商进货的事。

经销商当然觉察到销售员的异样,到了第三天,终于忍不住问到底发生了什么事。销售员为难地告诉他:公司压力很大,恐怕干不长了,家里孩子还小,负担挺大的,不知以后该怎么办,说到动情处眼圈都红了。经销商显然被感动了——这么有家庭责任感而且勤快的人应该帮他一把,便问他有什么需要帮忙的。"能否这个月再进250台车？"于是两个人围绕到底提多少台车的谈判开始了。

这个例子说明,在谈判之初建立一种和谐、融洽、合作的气氛有多么重要！如果谈判一开始就形成了良好的气氛,双方就容易沟通,便于协商。如果谈判一开始,双方就怒气冲天,见面时拒绝握手,甚至拒绝坐在一张谈判桌前,则整个谈判无疑会蒙上浓浓的阴影。

报价:不保守,不激进

价格虽然不是谈判的全部,但毫无疑问,有关价格的讨论依然是商务谈判的主要组成部分。在任何一次商务谈判中,价格的协商通常会占据70%以上的时间,很多没有结局的谈判也是因为双方价格上的分歧而最终导致不欢而散的。在商务谈判中,双方都会试图不断扩大自己的谈判空间,报价越高意味着你的谈判空间越大,也会有更多的回报。谈判是一项妥协的艺术,成功的谈判是在你让步的过程中得到你所需要的。经验证明,一个较高的报价会使你在价格让步中保持较大的回旋余地。当然,报价也要受多方面的限制,不能随心所欲。过高的报价也要承担谈判破裂的风险。

1964年7月29日,中美两国代表就印度支那半岛局势开始会谈。当时的形势是,美国在老挝大力扶持右派势力,企图破坏1962年7月23日由包括美国在内的13国签署的老挝中立宣言,从而控制老挝。1964年4月19日,美国策划发动老挝政变,软禁了富马亲王。随后于5月17日,又悍然派飞机轰炸老挝解放区,使美国对老挝的侵略战争严重升级。在越南,美国又故伎重演。先在南越搞军事政变,换掉了"不得力"的吴庭艳政权,改为军政府,效忠于美国。但仍不能奏效,美国总统约翰逊就又提出"战争逐步升级理论",大肆在越南扩大侵略战争。

在这样的情势下,中国政府对美国在印支行径的态度及其立场,对美国就显得至关重要了。当时,美国曾请巴基斯坦、英国和法国来摸中国的底,了解中国对美国印支政策的反应。6月2日,陈毅副总理兼外长在会见巴基斯坦驻华大使罗查和巴基斯坦前交通部长时,明确表示了中国对美国侵略印度支那半岛的严正立场:中国对美国在印支地区造成的严重局势,决不能坐视不顾。其后,周恩来总理在致阿尤布总统的信中,再次表达了中国政府的立场。据说,巴基斯坦政府已将中国政府的这一立场转告了美国。经过这一番"信使往返",双方都各自阐述自己的立场和观点,后来的几轮谈判,美方的态度有所收敛。

在商务谈判中,对于双方而言,报出一个恰当的价格是非常重要的,特别是卖方的开盘价实际上为以后的谈判限定了一个框框,最终的协议必然是在这个基础上经过协商达成的。那么到底是应该先报价,还是等待对方开价后再还价,这无论对于买方还是卖方都是一个没有定论的问题。先报价的好处在于争取主动,会对整个谈判起持续的影响作用。但也有不利之处,即对方得知我方的报价后可以不露声色地对自己的想法进行调整,而使先报价者丧失条件更为优越的交易机会。

越南南方解放军围攻西贡军队别动营。

1960年2月2日，陈毅副总理兼外长在首都各界人民支持老挝人民正义斗争的集会上讲话。

在生活中每个人都是消费者，在每一次购物中商品的价格都会左右你的购买意愿。以冰箱为例，国产电冰箱中"海尔"品牌在售价方面是较高的，而且很少进行特价销售，但其销量一直名列前茅，消费者口碑也好。为什么价格高反而会销售好呢？道理其实也很简单，高价一定会增加产品或服务的附加价值。每个人在选择商品时都希望其质量上佳，如果是耐用品则要求要有良好的售后服务。名牌产品会满足消费者的需求，但在价位上会高于非名牌商品，如果两者的价差不是很大，大多数消费者会选择名牌产品，因为在人的潜意识中，高价格一定等同于高价值。曾经有这样一个真实的例子：美国加州一家机械厂的老板哈罗德准备出售他的三台更新下来的机床，有一家公司闻讯前来洽谈购买。哈罗德先生十分高兴，细细一盘算，准备开价360万美元即每台120万。当谈判进入实质阶段时，哈罗德先生正欲报价，却突然打住，暗想："可否先听听对方的想法？"结果对方在对这几台机器的磨损与故障作了一系列分析和评价后说："看来，我公司最多只能以每台140万美元买下这三台机床。多一分钱也不行。"哈罗德先生大为惊喜，竭力掩饰住内心的欢喜,装着不满意,又进行了一番讨价还价,最后的结果自然是顺利成交。

报价的高低,没有绝对的界限,只是一个相对的数字,取决于特定的项目,特定的合作背景、合作意愿和谈判氛围。它虽然可以由专业人员依据一定的原则与假设进行"精确"测算,但是隐含于价格中的不确定因素仍然很多。一般来讲,标的金额越大的项目,客户特殊要求越多的项目,报价弹性也越大。需要着重指出的是,国际商务谈判的开盘价不单是一个价格问题,还要包括筹资方式、交货时间、付款条件、运输和保险方式以及其他一系列内容。所以,开盘价的正确决策不仅依赖于谈判前的充分准备,对对方需要的充分了解,而且还要依赖于有经验的国际商务谈判人员的准确判断。

磋商:开诚布公,谋求双赢

人们经常把谈判比作没有硝烟的战争,但美国谈判学专家尼伦伯格则认为,**谈判是合作的程序,成功的谈判是每个人都赢**。

当谈判进入磋商阶段后,也就进入了谈判的主体阶段。尽管在这一阶段双方都会为了掌握谈判的主动权而采取各种策略和技巧,但是坦诚在这一阶段却显得尤为重要。既然双方能坐下来谈判,就表示双方都有达成协议的愿望。如果谈判人员能够持诚恳、坦率的合作态度向对方吐露自己的真实思想和观点,客观地介绍己方情况,提出合情合理的要求,并促使对方持同样的合作态度,那么双方就很有可能在坦诚友好的氛围中达成协议。

新中国成立后相当长的一段时间里,以美国为首的西方资本主义国家一直对新中国实行不承认政策。随着中国国际地位的提高以及世界局势的变化,到了20世纪70年代,美国对华政策也发生了相应的改变。经过双方努力,1972年2月28日,应中华人民共和国总理周恩来邀请,美国总统理查德·尼克松访问中国,双方开始就实现邦交正常化的问题举行谈判。

台湾问题是中美实现邦交正常化中的关键问题。还在尼克松访华前,周恩来在与美国总统安全特别助理基辛格的谈话中就着重谈了中国对台湾问题的原则立场,阐明解放台湾是中国的内政,美国与台湾当局签订的条约无效。尼克松到访后,周恩来在中美政府首脑谈判中,又坦诚地指出中美双方的最大分歧是台湾问题,台湾是中国领土不可分割的一部分,这是中方必须坚持的立场。对于中国政府的立场,美方表示理解。并表示,美国准备逐渐减少驻台的军事力量;不支持"两个中国"或"一中一台",承认台湾是中国的一部分,不支持台湾独立;美国将在联合国支持恢复中华人民共和国的合法席位。同时,基辛格还保证通过谈判解决与越南战争相关的问题。

尽管双方在关键问题上取得了相同或相似的观点,但双方的分歧仍然存在。在谈判的最后关头,美国方面试图在联合公报中加入"关心"台湾问题和平解决的措辞,而回避美军从台湾海峡"完全撤出"的承诺。对此,中方谈判代表乔冠华坦诚而坚定地指出:第一,既然美方承认,台湾海峡两边所有的中国人都认为只有一个中国,台湾是中国的一部分,那么台湾问题就是中国的内政,这是无可置疑的,外人无权干涉;中方的措辞是"希望"通过和平谈判来解决问题,中国不能承诺只能通过和平方式解决台湾问题。第二,台湾作为中国的领土,美国无权在那里驻军,美方只承诺"随着该地区紧张局势的缓和"逐步减少在台军事力量和设施,这不符合双方声明的精神。第三,既然美方承认台

尼克松访华前，周恩来总理与美国总统安全事务特别助理基辛格进行了坦率的、开诚布公的谈话。

湾问题是中国的内部问题，美国当然应该撤出全部军事力量。因此中方希望美国在公报中明确上述内容。美方代表基辛格表示难以接受中方的意见，谈判陷入僵局。

尼克松了解到，中国人不喜欢搞小动作，喜欢诚挚坦率，便在与周恩来的会谈中坦诚地摆出了自己的难处。他说：如果公报在台湾问题上措词过于强硬，势必会在美国国内造成困难。我将受到国内各种各样亲台湾、反尼克松、反中华人民共和国的院外集团和既得利益集团的交叉火力的拼命攻击。整个的对华主动行动就有可能成为两党之间的争议问题。到那时候，如果我不论是否由于这个具体问题而落选，我的继任就可能无法继续发展华盛顿和北京的关系。考虑到对方的难处，中国政府决定接受美方的另提一种说法，将公报中的美方立场表述为："美国认识到，在台湾海峡两边的所有中国人都认为只有一个中国，台湾是中国的一部分。"关于台湾问题的艰难谈判，至此终于有了突破。2月27日，中美双方在上海发表《中美联合公报》，即《上海公报》，标志着中美关系揭开了新的一页，为随后的中美建交谈判奠定了坚实基础。

在这次谈判中,如果没有双方开诚布公地协商,中美关系的历史就可能会是另一个样子。

国与国之间的谈判应秉持开诚布公的协商精神,在企业间的商务谈判中,坦诚也会起到很好的作用。

近年来,荷兰的就业形势要好于大多数欧盟成员国。荷兰出现较好的劳动市场形势一方面取决于政府创造的有利环境,另一方面荷兰独特的工资协商制度对创造令人瞩目的劳动力市场形势产生了深刻的影响。

台湾问题是中美关系中最关键、最敏感的问题。图为台北高山族同胞居住的那鲁湾。

荷兰雇员的工资是由中央政府、全国一级的雇主组织代表和工会代表三方通过协商、签署集体协定来决定的。工资谈判充分体现了公平、协商和集中的原则。先由全国一级的雇主组织和工会的代表通过谈判就下一年度工资水平和其他的就业细则达成协议。然后,他们的决定将被写入中央协定中。中央协定通常对就业细则提出一系列建议,作为行业和公司层面上进行谈判的基本框架。

正式的谈判在中央一级的协商结束之后才开始,谈判中双方必须坦诚相待。通常,在行业和公司层面上的谈判以工会提出一系列的要求拉开序幕。雇主们从自身利益的角度出发对工会的要求作出反应,此时谈判才进入正式阶段。来自雇主组织和工会两方的代表进行协商

并试图就各种问题达成协议。第一轮谈判多少带有一些试探的性质，紧接着是对各种要求进行讨价还价。谈判的中心通常是对工会的各种要求进行预期代价的估算。在决策阶段，雇主们决定哪些要求他们可以满足，哪些要求他们不能接受，同时坦言不能接受的理由，而工会组织则通过考虑其理由的真假决定是否更换新的要求。

坦诚的谈判维护了双方的利益，收到了良好的社会效果。据了解，采用充分协商决定工资水平后，荷兰罢工次数及其损失的工作日相比之前要少得多。

通过以上案例，我们了解到，在谈判的磋商阶段，坦诚协商可以照顾双方利益，达到双赢的效果，是一种值得提倡的做法。但这并不表明所有的谈判都可以用这种方式解决。应用这一原则的前提是，双方都必须对谈判抱有诚意，都视对方为己方唯一的谈判对象，不能进行多角谈判。实施这一原则的最佳时间，通常是在谈判的探测阶段结束或者报价阶段开始，也即正式进入磋商阶段以后。

在具体实施这一原则时，应针对双方洽商的具体内容介绍有关情况，不要什么问题都涉及。如果你在某一方面有困难，就应针对这一方面的问题进行有侧重地介绍，使对方了解你在这方面的难处以及解决的方案。例如中美首脑谈判时，尼克松直言联合公报的言论对总统任职的压力以及对中方的不利。这样做易唤起对方的共鸣，认为你很有诚意。

坦诚是必需的，也是相对的、有保留的，不能让对方轻易知道己方的底牌，否则就会处于劣势，"双赢"也就可望而不可即了。

让步：换个角度提方案

1945年8月25日,中共中央为适应全国人民的要求和愿望,实现国内的和平、民主与团结,决定由毛泽东、周恩来等赴重庆同国民党举行谈判;同时决定在毛泽东离开延安期间,由刘少奇代理中共中央主席。

中共代表团到达重庆后,首先提出以和平、团结、民主为统一之基础,结束国民党的党治,确立政治民主化、军队国家化、党派平等合作之必要办法等11条谈判方案,争取了谈判的主动。9月4日,蒋介石拟出《对中共谈判要点》,作为国民党方面的复案,提出限定中共军队最高限额,拒绝承认解放区民主政权,将原国防最高委员会改组为政治会议等内容。两方案的根本分歧,在于对中国共产党领导的解放区政权和抗日武装的承认与否。在随后开始的谈判中,国民党方面始终没有

1945年8月28日,毛泽东、周恩来、王若飞赴重庆。离开延安前,同专程由重庆飞抵延安迎接发美国驻华大使赫尔利和国民党政府的代表张治中合影。

提出任何积极具体的方案，而是顽固坚持所谓"中共不能要求国民政府承认解放区，否则就是破坏政令统一"等苛刻条件，借以否认解放区民主政权的合法地位，给谈判设置障碍，进而使谈判限于停滞。为了争取

毛泽东飞抵重庆，受到各界人士的热烈欢迎。图为毛泽东在重庆九龙坡机场。

和平，中国共产党作了极大努力并作出巨大让步，提出一个新的方案：主动撤出南方八个省区的军队。方案一经提出，立即引起了社会各界的重视与好评。

当然，中共这一方案的提出，并不是一味向国民党妥协，而是有着深谋远虑的。1945年的8月8日，苏联红军对日宣战并随即进入中国东北，摧毁了日本的"关东军"和伪满军队，瓦解了日本在中国东北十几年的殖民统治。当时在东北进行着游击战争的只有中国共产党领导的少量抗日人民武装，国民党在东北没有一兵一卒。而东北的战略地位却极为重要。如果国民党占领了这一地区，就能利用东北雄厚的工业基础，同华东、华中相配合，南北夹击中国共产党领导下的各民主根据地。反之，如果中国共产党控制了东北，就可以形成背靠苏联、蒙古、朝鲜的战略基地，根本改变长期以来被国民党军队四面包围的状态。由此，东北成为国共两党必争之地。在美国人的帮助下，国民党正加紧从西南往东北运兵。据此，刘少奇、朱德等中央领导人计划集中全力同国民党争夺东北。9月17日，刘少奇代表中央致电重庆中共代表团，全面

---

① 金冲及主编：《刘少奇传》，第526页，中央文献出版社1998年版。

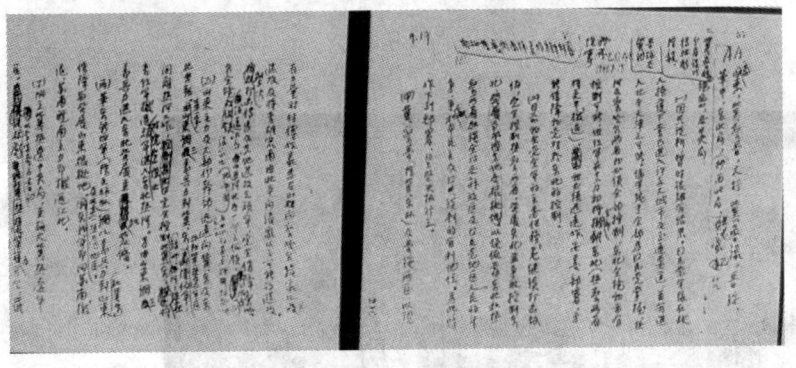

1945年9月19日,中共中央向各中央局发出"向北发展,向南防御"的指示,强调控制热河、察哈尔两省,发展和控制东北。图为刘少奇起草的中央指示电文的部分手稿。

分析了全国局势,提出必须确定"向北推进、向南防御"的战略方针和部队大规模调动的部署。9月19日,毛泽东、周恩来复电中央和刘少奇,表示:"完全同意筱电所提战略部署,苏南、浙东、皖南主力迅速即开,冀东屯兵五万,并成立冀热辽中央局及军事领导机关,人选请你们考虑。"①

正是在这样的背景下,中共代表团才在重庆谈判中做出退出南方部分解放区的让步。但做出让步的同时,中共代表团仍坚持人民的武装,一支枪、一粒子弹都要保存不能交出去的原则。经过43天的艰苦斗争,国共双方终于在10月10日签订了《会谈纪要》,即《双十协定》。

类似的情况也会在商务谈判中出现。在商务谈判中,人们是受利益驱使的。由于双方的利益不同,出现冲突是常有的事。对于谈判双方来说,冲突一旦产生就不应置之不理,而应积极设法解决。适当让步正是解决冲突的有效方法。

让步是谈判中常用的技巧,其目的是为了取得己方的最终利益,足够的让步能使对方深受鼓舞,增强成交的信心。因此在不得不作出让步时,要做到有理、有利、有度。让步的幅度要对等,要同步。即这一方面(或此问题)虽然己方给了对方优惠,但在另一方面(或其他地方)必须加倍地,至少均等地获取回报。

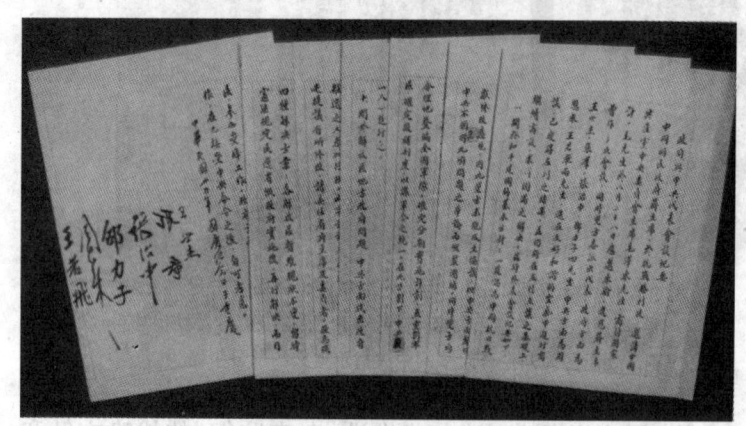

1945年10月10日，国共双方代表王世杰、张群、张治中、邵力子、周恩来、王若飞签订了《政府与中共代表会谈纪要》(即《双十协定》)。

有一家大型知名超市在北京开业，供应商可以用"蜂拥而至"来形容，一家弱势品牌企业派出代表小A与超市举行进店洽谈。谈判异常艰苦，因为对方的要求十分苛刻，尤其是60天账期实在让人难以接受，谈判进入了僵局并且随时都有破裂的可能。

但在此期间的一天，超市的采购经理突然给小A打来电话，希望小A的企业能提供一套现场制作的设备，以便吸引更多的顾客。当时，小A刚好有一套设备闲置在库房里，但他却没有当即痛快地答应，他是这样回复的："X经理，我会回公司尽力协调这件事，在最短的时间给您答复，但您能不能给我一个正常的货款账期呢？"

就这样，小A最终赢得了一个平等的合同，超市因为现做现卖而吸引了更多的消费者，一次双赢的谈判就这么形成了。

显然，小A在这次谈判中运用了让步的技巧，他没有盲目地做出让步，而是通过让步巧妙地获得了自己想要得到的利益。

在商务谈判中，为了达成协议，让步是必要的。成功的让步策略可以起到以局部小利益的牺牲来换取整体利益的作用，甚至在有些时候可以达到"四两拨千斤"的效果。但是,让步不是轻率的行动,必须慎重处理。在没有得到对方的交换条件时,不要轻易让步。对于轻率的、无代价的让步,不但不会使对方满足,反而会刺激对方提出更加苛刻的要求。

当然,在谈判时,如果发觉此问题己方若是让步可以换取彼处更大的好处时,也应毫不犹豫地给其让步,以保持全盘的优势。

协议:紧紧抓住起草权

当双方确立了交易意向后,谈判就进入合同起草阶段,自然地就提出了由谁起草合同文本的问题。一般来讲,文本由谁起草,谁就掌握主动。起草一方的主动性在于可以根据双方协商的内容,特别是自己的权利,认真考虑写入合同中的每一条款。而对方就会相对被动,因为口头上商议的东西要形成文字,还有一个过程,有时,仅仅是一字之差,意思就有很大区别。而且,主动起草合同也可以防止对方起草合同中可能设定的陷阱。所以,在谈判中,应重视合同文本的起草,尽量争

毛泽东、周恩来、斯大林出席《中苏友好同盟互助条约》签字仪式。

取起草合同文本,如果做不到这一点,也要与对方共同起草合同文本。

1950年,中苏最高领导人就两国关系中的一系列重大问题举行谈判。在整个会谈中,周恩来始终是中方的主要发言人。条约的具体内容和文字表述,主要由周恩来和苏联领导人莫洛托夫、米高扬等人商定。在这些本来是双方共同进行的工作中,周恩来也是主角。如草拟《中苏友好同盟互助条约》时,开始由苏方根据双方达成的意向行文。草稿写出后,中方不满意,认为有些内容没有写进去,有的内容表述得不太理想。中方决定由自己重新搞出一个文稿。于是,周恩来总理亲自动手,用两天时间草拟了条约文本,苏方看后表示满意。他们没想到中国人在这么短的时间内能起草出这样高水平的文件。

争取合同起草权的深远意义是由法律规则本身的特有属性决定的。一般情况下,由一方提供格式文本的,对另一方来说就不利,谈判中率先起草合同的一方往往占有较大的主动权。因此,谈判中我们要么提供格式文本,或争取合同起草权;要么仔细阅读对方提供的合同文本,提出自己的修改意见,特别要警惕明显不公平的条款,有效地保护我方的利益。

西北轴承曾经是中国轴承行业的一流企业,是铁道部生产铁路轴承的定点厂。2001年,西北轴承整体与德国某公司合资。由于签订合资合同时,西北轴承出让了合同起草权在内的一系列主动权,没有能够在谈判时寸土必争地争取自己的利益,最终达成的合资方案极不周全,以至于在日后的合资企业中,德方垄断了决策权,并且把核心技术牢牢地攥在他们手里,而不是投入合资企业,使中方处处受限。仅仅两年时间,西北轴承就尝到了苦果:不仅没有实现引进德国先进技术、把拳头产品做大做强的初衷,而且不得不从合资公司退出,最终失去了拥有自主知识产权的NXZ铁路轴承品牌和生产资质,被迫退出铁路轴承生产领域,从品牌制造商退回到零部件供应商。

中国第一家电信领域的中外合资企业信天(Symphony)通讯有限公司的合资合同于2000年12月5日在上海签署。该公司由美国最大的电信企业美国电报电话公司(AT&T)和中国电信集团上海市电信公司及上海信息投资股份有限公司共同投资创建,投资总额2500万美元。在合同签订过程中,双方的谈判代表引入了大量法律、财务、技术方面的专业人士。美方律师依仗其多年跨国投资的经验,中方律师则在精通中国法律的同时熟悉美国法律。面对中方兼跨中美的优势,美方不得不将合同文本起草权让给中方,依据中方律师提供的中英文本进行谈判。中方夺得了文本阵地,取得了主动,最终保障了自己的利益。

实施:纸上得来终觉浅

1969年9月11日,中国国务院总理周恩来与苏联部长会议主席柯西金举行了一次"机场会谈"。当时两国关系十分紧张,边境冲突时有发生,并有爆发大规模战争甚至核战争的危险。为了避免冲突,周恩来在会谈中诚恳地提出:当务之急是在谈判解决问题之前首先采取临时措施,使双方武装力量在有争议地区脱离接触,避免武装冲突,维持边界现状。双方首先就此签订一个协议,进而恢复解决边界问题的谈判。柯西金表示同意周恩来的意见。双方在一些关键性问题上达成了谅解。两国领导人还就恢复互派大使、扩大贸易、改善两国间的通车通航等缓和两国关系的具体措施交换了意见。临近会晤结束时,周恩来提议:以两国总理互致信件的形式作为双方政府间的换文,对这次会晤达成的谅解予以确认,即把会晤的成果肯定下来。柯西金同意了周恩来的提议。

1969年9月11日,周恩来总理与苏联部长会议主席柯西金在北京举行了一场"机场会谈"。图为双方会谈时合影。

9月18日,按照双方事先商定好的办法,周恩来致信柯西金,归纳和概括了中国政府的有关立场及9月11日机场会晤时双方达成的谅解。主要内容是:在边界问题解决前,双方严格维持边界现状;双方各自的一切武装力量包括核武装力量不向对方进攻和射击;双方武装力量在两国边界有争议地区脱离接触等等。周恩来还在信中说:各项临时措施,如能得到你来信确认,即作为中苏两国政府之间的协议,立即生效,并付诸实施。

然而,柯西金却没有能够按双方事先约定的方式回复有关信件。原来,苏联领导层内部在对华政策问题上意见不一。有些人仍企图对中国实行军事政治高压政策,反对柯西金在北京机场与周恩来达成的谅解。不久,柯西金虽然给周恩来回了封信,但信中回避了9月11日双方会晤时达成的谅解,只是说苏联政府已采取措施,向边防

20世纪60年代末,中苏关系紧张,两国边境冲突时有发生。图为中国军队在珍宝岛击毁的苏军坦克。

部队下达了四点指示，以缓和边界局势。希望中国方面也作出类似安排。柯西金还表示，两国政府不必再换文了。

本来周恩来与柯西金已经就边界问题达成了协议，却因苏联领导层内部的意见不一致而再生变故。由此可见，谈判双方在签订协议之后，并不是万事大吉了，在协议的实际履行过程中还存在着很大的不确定性，有着很多的变数。

商务谈判更是如此。已经签订的协议是一回事，怎样执行是另外一回事。字面协议无论写得多么清楚，执行起来在细节方面总还留有余地。

A国的一家工厂由于种种原因，对外宣布了破产。这是一家有着67年历史的、生产名牌产品的工厂。B国、C国在得知这一情况后，都打算购买这个厂的设备和技术。但B国的有关专家一周后才能过来。于是B国先派人向A国表示愿意买下这个工厂，双方可以先签订初步的购买协议，等一周后，B国的专家过来了，再详谈购买细节。经过协商，双方达成了一致意见，签订了初步协议。正当B国专家准备赴A国进行全面技术考察时，从A国传来消息说，C国已抢先一步，与A国签署了购买合同，合同上规定付款期限为当年的10月24日，如果24日下午3时C国汇款不到，合同便告失效。

事情有点猝不及防。B国领导在分析了整个情况后认为，虽然B国与A国签订了初步协议，但国际贸易竞争中也存在偶然因素，即使C国商人在签订合同方面抢了先，但能否按时付款还未知。如果C国方面逾期付款，B国还有争取主动的机会。于是B国领导马上派团出国，在23日到达了A国。他们立即与A国代表人员联系。在24日下午3时，当打听到C国方面款项尚未到的消息时，B国代表成员立即奔赴工厂。B国代表的突然出现，使A国人员很是吃惊。A国债权委员会主管倒闭企业事务的米勒先生面带笑容地接待了B国代表团。他说："C国商人因来不及筹款已提出延期合同的要求。如果你们要购买,请现在就谈判签订合同。"原来,债权委员会已规定,这个工厂的财产必须于这个月的月底前出售完毕,以保证债权人的利益。如果逾期,将被迫拍卖,就是把全部固定资产拆散零卖。那样,不仅使厂方蒙受巨大经济损失,而且这个工厂也将化为乌有。B方意识到对方急于出卖的迫切心理,并没有急于求成,而是先让专家对全厂的设备、机械性能、工艺流程进行全面考察,最终结论是:该厂设备先进,买下全部设备非常合算。在25日,双方正式举行了谈判。经过紧张的讨价还价,在次日凌晨签订了合同。B国的专家团以1600万马克(合500多万美元)的价格,买下了工厂的2229台设备和全套技术软件。后来得知,这个价格比C国商人所要支付的价格低200万马克。

本例中,虽然B国与A国先签订了相关协议,但这并不能说明A国与C国就不能进行谈判,B国也不能以协议来阻止A国与C国的谈判,毕竟市场本来就存在竞争性和偶然性。反过来,即便C国抢先与A国签订了合同,但C国并没有在规定的时间内履行合同内容,所以,B国可以再争取到一次谈判机会,并利用这次机会,以合理的价格买到了想要的设备和技术。

谈判是利益相争的过程,但也需要建立在真诚合作基础之上。正是由于利益的不同,人们才希望通过谈判来获得双赢。签订协议是谈判的实质性成果,是把商务谈判的成果如实地反映在具有法律意义的书面协议中,以供双方当事人依照实施。但在协议的执行过程中,仍然有许多因素可能会引发合作双方投入新一轮的谈判。如一方违约;又如对协议条款在执行中产生了不同的解释;再如,出现先前难以预知的情况需要双方重新协调;以及因不可抗力事件的发生,需要对原有协议作重要修改,否则就无法执行等等。因此,谈判双方在签订协议之后,要讲究诚信,本着真诚合作的态度履行协议中的内容。书面的协议毕竟只是书面的,只有把协议落到了实处,才算真正地完成了谈判。

第七章

策略是成功的法宝

　　谈判既靠实力,也要讲究谋略。在谈判中,可能双方都会使用虚实相生的策略,那就更需要在谈判之前,做好充分的调查准备。有了充分的准备,就能够对谈判中涉及的各种总是心中有数。所谓知己知彼,百战不殆。谈判中技高一筹、出其所料者,才不易被对方牵着鼻子走。真正的谈判高手,往往能够充分利用各种有利条件,使谈判向着有利于自己的方向发展,最后达成满意的结果。

当斩则斩，当奏则奏

孙子说，兵者，诡道也。战争需要谋略，谈判也是如此。在谈判中，应针对不同的情况，不同的对手，双方所处的不同地位采取不同的策略，最大限度地维护自己的既得利益。**当斩则斩，当奏则奏是一个很好的策略。**

这一策略适合谈判中处于劣势的一方使用。所谓"斩"与"奏"是劣势方对优势方而言的。如果在谈判中出现劣势，就会影响双方的利益分配：在这种情况下，优势方通常会认为对方有求于己，在一些需要协商的问题上坚持自己的主张，拒不让步。此时劣势方有两个选择：一是委曲求全，二是运用一定的策略和手段及时扭转对自己不利的局面。而当斩则斩，当奏则奏，就是一个行之有效的策略。

中国共产党与国民党合作抗日的谈判中就很好地运用了当斩则斩，当奏则奏的策略。

在红军改编为八路军、新四军的过程中,中国共产党对国民党实行的是"先奏后斩"。图为在延安召开的主力红军改编誓师大会。

1937年,为了共同抗击日本帝国主义对中国的侵略,国共两党捐弃前嫌,通过多次协商,建立了统一战线。但国民党固有的阶级本性决定了它与中共的矛盾不可能因联合抗战而冰消瓦解。国共合作并没有改变国民党的反共性,国民党在合作中仍坚持"反共"、"限共"、"溶共"的方针。在军事上,以统一军令、统一指挥为名,要求八路军、新四军绝对"服从上级司令部之指挥调遣"。在政治上,国民党否认共产党领导下的边区民主政府,企图限制、缩小八路军和新四军的作战范围,并以"收复失地"的名义攻占共产党领导的根据地,或对根据地实行军事包围和经济封锁。

针对国民党的反动策略,中国共产党采取了灵活的对策。正如后来毛泽东在中国共产党第六届中央委员会第六次全体会议的报告中指出的,在与国民党打交道时,根据具体情况,我们可以采取"先奏后斩"、"先斩后奏"、"斩而不奏"、"不斩不奏"等方式,既不破裂统一战

晋察冀抗日根据地的开辟与抗日民主政权的建立，事先无法得到国民党政府的同意，只能"先斩后奏"。

线，又保持了军队和政府独立自主。①例如在关于红军编制及人数等问题上，我们明确提出要求将红军队伍改编为3个师，这就是先奏后斩也即"当奏则奏"，一切按正常的程序来。但有些问题是与国民党"溶共"、"限共"的方针相冲突的，估计国民党一定不会同意，但我们又不能不做，那就采取"先斩后奏"和"斩而不奏"即当斩则斩的策略。例如国民党虽勉强同意承认陕甘宁边区的合法地位，但要求作为全国行政区之一归国民党统一辖制，并明令中共不得向其他地区"扩张"。而我们为了更好地对根据地进行管理，在根据地设置了行政专员；同时为了更加有效地抗击日军，也为了扩大根据地，在1938年，八路军一一五师进入山东，建立了山东根据地，后又以此为基点，进入安徽建立了鄂豫皖边根据地；同时突破国民党的军队限制，将人民军队发展到20万人等

---

① 《统一战线中的独立自主问题》，《毛泽东选集》第二卷第540页，人民出版社1991年版。

等。这些适应抗日大局的活动,事先无法取得国民党的同意,只好"先斩后奏",先造成既成事实再汇报给国民党中央并就细节问题与他们举行谈判协商解决。此外,还有一些事情我们为了建立全面的抗日民族统一战线应当去做,却是国民党坚决反对的,例如国民党明确表示各地取消一切形式的选举和集会活动,但中共却在陕甘宁边区,后来又扩大到其他根据地,实行了"三三制"的民主选举并定期召集各阶级参加的边区议会,此时中共采取的政策就是"斩而不奏",以免"奏"而无功,反而不利于双方合作。

商场如战场,在现代商务谈判中任何一方都不能保证常处优势。借鉴中共党史上的谈判策略,灵活掌握"斩"与"奏"的火候,即使处于劣势地位的一方仍可以实现利益的最大化。

一家生产日用品的厂家在与各超市的谈判中就灵活地运用了这些策略并取得了成功。由于该厂刚成立不久,没有固定的消费人群,所以很多超市不愿让它的产品进入。考虑到产品定位比较明确,质优价廉,打开市场后应该能取得不错的销量。张厂长与各超市进行了一次又一次的谈判,经过反复劝说终于进入了一些超市。但还有一些超市无论张老板怎样让利,都坚决不进货。正常的"先奏后斩"已经行不通了,张老板决定采取"先斩后奏"的策略。

张老板经过仔细分析,发现这些超市领导人认为张老板在玩"把戏",不可信。那怎么办呢?如何让他们亲身感受到自己产品的"畅销"呢?张老板想,随着进货超市的增多,应该印刷一些宣传手册了,把这些进货超市的联系方式放进去,到谈判时或许有一定作用。想到这里,张老板要求在宣传册内,除了已进货的超市外,把未谈妥的几家大的超市也作为指定购买点印上,并把宣传手册大面积分发。由于宣传册做得好,商品价格便宜,就不断有顾客拿着宣传手册到这类超市去购买产品。有的超市没有货,顾客就转而到其他超市去了。久而久之,那些没有进货的超市老总很气愤,就找张老板"算账"。张老板一面赔不是,一面又宣传自己产品的优点,并拿出已取得的成绩来证明。此时超市老总也开始怀疑自己的坚持是否正确。张老板又适时提出实物赞助等优惠条件,双方终于达成了协议,取得了双赢的结果。功夫不负有心人,张老板的"先斩后奏"获得了成功。

在具体使用先斩后奏策略时有三个方面的问题需要注意。由于是处于劣势的一方对于通过谈判争取不到的利益,先自作主张,单方面采取行动,造成对己方有利的既成事实,然后再坐下来与对方谈判解决问题。所以,要在开始谈判前就将谈判中有待解决的问题先行解决,造成木已成舟的结果,否则就不称其为先斩后奏。

其次,尽管这一策略有时很有效,但并不是随便什么样的事情都可以先斩后奏的,应认真谨慎而不能滥用。所"斩"之事应选择那些没有触动到对方根本利益的事情,所造成的既成事实要确保能够为对方所容忍。

第三,先斩后奏也要考虑对手和自己的实力。所"斩"之事,应是自己有力量保持住和消化掉的利益。例如在抗日战争时期,国共合作是必须的,国民党不敢破裂统一战线,所以对中共所作所为会有所宽容;超市老总的职责是使超市更好地赢利,对于有市场的产品一般不会拒绝。有了这些条件,就可以采取先斩后奏的策略。但如果自己没有实力或把握,则最好不要先斩后奏,以免更加被动。

争取中间势力,孤立顽固势力

中国几千年来的朝代更替证明了一个真理:得民心者得天下,失

民心者失天下。这一真理在谈判中同样适用。战争中要取得胜利需具备天时、地利、人和等条件,谈判中要取得成功也要做好前期准备,其中重要的一点,就是"争取中间势力,孤立顽固势力"。

有研究结果表明,国共两党合作与和谈的时间比打仗的时间要长得多。在国共多次谈判中,民心向背对于最终的结局起了关键作用。中国共产党在谈判中多次运用团结中间势力,孤立顽固势力的策略,教育了群众,赢得了民心,壮大了自己的力量。

1945年日本投降后,国民党政府的内战独裁倾向日益暴露,蒋介石一方面在美国人的帮助下,加紧备战,积极推进,迅速占领日伪军控制下的各大中城市和战略要地,抢夺胜利果实;另一方面却要求中共及其领导的军队不得"擅自"向日伪军收复失地。国民党统治集团垄断抗战胜利果实的行径,遭到全国人民尤其是解放区军民的强烈反对。

毛泽东到重庆后,同蒋介石进行了多次会谈。图为毛泽东、蒋介石、赫尔利等在重庆合影。

当时,国民党政府要立即发动大规模的内战也面临着种种困难。在这种形势下,蒋介石于8月中下旬接连发出三封电报,邀请毛泽东到重庆,共同商讨"国际国内各种重要问题"。

对于国民党这种"鸿门宴"般的邀请,中共内部的意见很不一致。多数人出于对毛泽东的安全考虑,不主张毛泽东亲往重庆谈判。当时的形势是,国民党政府是

1945年10月11日,毛泽东自重庆飞返延安,张澜为毛泽东送行时说:"日后中国实现民主了,我还要到延安看望你哟!"

第七章 策略是成功的法宝

中国形式上的合法政府,得到国际社会的承认。而且国民党掌握着优势的宣传舆论工具,其长期的反动宣传使许多人对中国共产党存在着一定的误解。当时国统区有许多人还没有认清国民党的反动本质,对蒋介石抱有相当大的幻想,如果我们不去谈判,就有可能被国民党反动派利用,为他们以后发动战争推卸责任提供口实。而且当时在中国,除了国共两大势力之外,还有一些被称为"中间势力"的民主党派。虽然他们没有掌握军队和政权,但在工商业和民众中有相当大的影响,他们的政治态度对于中国政局亦有着举足轻重的影响,争取他们的支持是我们党统战工作的重要一环。同时,由于国民党历来不团结,内部派系复杂,争取国民党中的进步势力与中间势力,有利于我们的对敌斗争。中共中央在全面分析了上述种种因素之后认为,在当前复杂的形势下,我们参加谈判,可以分化瓦解国民党,争取中间势力,孤立蒋介石集团。

1945年8月28日,毛泽东、周恩来等中共领导人到达重庆,受到各阶层民众的热烈欢迎,在国内外引起巨大反响,民盟领袖张澜等人亲自到机场迎接。

到达重庆的第二天,周恩来、王若飞就举行茶会招待各界人士,主动说明我党为此次和谈所作的准备,陈述了我们的要求。这就是:要求国民党政府实行中共25日公布的《对目前时局的宣言》中的六项措施:承认解放区政权和抗日军队,划定中共军队接受日军投降的地区,承认各党派合法地位,召开各党派和无党派代表人士的会议商讨各项重大问题等。这种坦诚的态度得到了与会成员的极大肯定。

8月30日,毛泽东在"桂园"举行宴会,招待民盟领导人和其他民主人士。9月18日,毛泽东、周恩来又参加国民参政会举行的茶会。周恩来在会上报告了国共谈判经过,表达了中共为和平建国作出最大限度努力的态度。

在此期间,毛泽东还会晤了苏联大使彼得罗夫、美国大使赫尔利以及英国、法国、加拿大等国的驻华使节,反复说明中国共产党的基本主张。周恩来也多次举行有各民主党派和国际人士参加的座谈会,会见工商、文化、妇女、新闻等各界代表,听取并与他们交流对谈判的意见。他还会见了驻重庆的外国记者,向他们介绍中共目前的政策及对促进和谈所作的努力。中共领导人的这些活动,使中国共产党的立场得到各民主党派和各界民主人士的普遍同情和支持。这种同情和支持,是促使这次国共谈判取得某些积极成果的一个重要因素。

在中共和各民主党派的努力下,经过43天的谈判,国共双方终于签订了《政府与中共代表会谈纪要》,又称《双十协定》。虽然后来国民党公开撕毁了《双十协定》,人民对于和平建国的期望落空,但是重庆谈判扩大了我党的政治影响,大大提高了我党的地位和威信。同时,中共还联合了广大的中间势力,在后来的战争中孤立了反动的顽固派。

商务谈判中的"顽固派"也很多,对待这些人要如同久攻不下的要塞,不能急于求成,而从最易突破的围墙开始。在具体策略上,也是要"争取中间势力,孤立顽固势力"。

A公司想通过展销会的形势,让未来的客户B公司对其产品有所了解,产生认同感,随后就可以展开合作谈判了。但A公司事先通过调查得知,对方的决策人物是个十分固执的人,预计第二天的谈判有可能会很艰难。了解到这一情况后,A公司的主管决定邀请B公司另一位比较关键的人物在谈判和展销的前一天到A公司参观。这是一个十分不合常规的做法。一般而言,展销会在准备的过程中连己方的领导视察都会影响到工作人员的情绪,何况是即将谈判的对手?但A公司主管排除了一切干扰因素将B公司那位关键人物请到了现场,并刻意在现场制造出一种紧张准备的氛围。在陪同参观的时候,又特意向这位关键人物透露第二天展销时的思路。这个应邀而来的客户代表,发现只有自己被选为特别嘉宾,事先看了展示经过,顿生优越之感,也很高兴,当即表达了愿意与该公司合作的意见。

在第二天的展销会上,对方人员在参观过程中,有些人表现得十分友好,气氛相当融洽。展出结束后,A公司的一些谈判人员十分高兴,认为自己的条件对方都接受了。但那位主管十分清醒:那些面目和善者都是非决策人物,决策人物并没有表态。果然,在随后的谈判中,对方决策人物坚持己见,仿佛没有看过展销会一样。于是,A公司主管绕过B公司这位决策人物,转而询问前一天到A公司参观的那位关键人物的意见,同时征询了那些在参观时表情友好的非决策人员的意见。这些人物的言论虽然含糊但都有利于己方。在这种情况下,对方的那位决策人物就处于孤立的地位。经过耐心说服,他最后还是同意了A公司的条件。

谈判双方的博弈就如战争中的攻守一样,再坚固的堡垒也有攻取的办法。在谈判中应结合具体情形,通过化敌为友,先争取对方部分人的认同。一旦顽固者发现自己被孤立的时候,其变通的可能性就比较大了。

有理、有利、有节

"有理、有利、有节"是中国共产党在抗日民族统一战线中对消极抗日、积极反共的国民党顽固派采取的以斗争求团结的策略原则。毛泽东曾对这个原则作了详尽的解释:"有理,即自卫原则:人不犯我,我不犯人,人若犯我,我必犯人;有利,即胜利原则:不斗则已,斗则必胜,绝不可举行无计划无准备无把握的斗争;有节,即休战原则:决不无止境地每日每时斗下去,决不可被胜利冲昏自己的头脑。"①有理、有利、有节这三项原则是统一的不可分割的。在中国共产党经历的谈判中,有理、有利、有节的原则曾多次被使用过。

1951年6月,朝鲜战争呈现僵持状态,中美双方在三八线附近形成对峙。美国政府看到在战场上打不赢,便开始寻求通过谈判从朝鲜战场脱身的办法。在新的形势下,中共中央审时度势,做出了"争取和谈达到结束战争"的决策。从同年7月起,中朝联军与以美国为首的"联合国军"展开了一场旷日持久的谈判,同时并不放弃在坚持自卫的条件下粉碎美军的军事进攻。根据"政治斗争和军事斗争双管齐下"的方针,中朝联军在谈判中坚持有理、有利、有节的原则,在军事上积极准备持

---

① 《毛泽东选集》第二卷,第749页,人民出版社1991年版。

经过有理、有利、有节的斗争,终于迫使美军释放了志愿军被俘人员,停战协定达成了。图为志愿军政治部主任杜平慰问被俘归来的人员。

朝中代表团首席代表南日在朝鲜停战协定文本上签字。

久作战。当敌人企图以军事进攻压迫我方在军事分界线等问题退让时,志愿军坚决以军事手段粉碎敌人的进攻,迫使敌人放弃其无理要求;当美军在战俘遣返问题上实行讹诈,并扣留我方被俘人员时,我军又及时向敌人发起反攻,迫使对方有所收敛,最后终于达成了停战协议。

有理、有利、有节的原则,同样适用于商务谈判。在商务谈判中,"有理",就是我们的要求是合理的,有根据的;"有利",就是所达成的结果是双方都可获得利益的;"有节",就是要有一定的妥协,以适当的让步换取主要目标的实现。

在谈判中,想让我们的要求全盘的、原封不动的为对方接受是不现实的,现实的结局是"有所为,有所不为"。这就要求我们要集中力量解决最重要的问题。一场成功的谈判,应该是每一方都认为取得了对自己有利的合同条款。这就要求在谈判中讲究技巧,恰到好处,努力做到有理、有利、有节。通过解释自己的理由,说服谈判对手,而不能企图强压对手;反之,当对方采取强压方式的时候,要敢于拒绝,婉言提醒对方,按公平合理原则办事。

2005年9月5日,中欧在北京就解决中国输欧纺织品滞港问题达成一致,中欧双方乃至世界关注的中欧纺织品问题得到妥善解决,欧盟的进口商、零售商和中国的相关企业都松了一口气。9月14日,滞留在欧盟20多个港口近两个月的中国纺织品终于被放行。中国商务部长薄熙来应邀接受记者专访时说:谈判的过程就是进进退退、互相让步、互相又有所得的过程。他的话很有道理。两个谈判对手坐在一块,就是因为互有所求。彼此都是智力健全的人,都知道各自应该争取什么利益;同时也知道,不能过度地要求对方。中欧双方的经贸关系不是权宜之计。今天谈纺织品,明天还要谈鞋,除了轻纺还要谈电子,还有家电,产品类别很多。因此,谈判中就不能意气用事,不能得理不让人。还是那句老话:要"有理、有利、有节",你就是有十分的理,也不能求十分的利,要有节制,否则一边倒,就别谈了。

2006年12月,北京大学医学出版社与英国医学杂志出版集团(BMJ Publishing Group,BMJPG)正式签订了引进《临床证据》(Clinical Evidence)的协议。在这之前,北京大学医学出版社与英国医学杂志出版集团进行了长达一年多的谈判。在谈判中,北京大学医学出版社一直坚持"有理、有利、有节"的原则,做到有进有退。特别是在双方出现意见分歧时,既坚持自己的原则,又要站在对方的立场上考虑问题,从全局出发,设定自己的底线。为了使谈判不陷入僵局,必要时保大放小。在实际谈判中准确地把握尺度,充分考虑各种因素,进行仔细分析。由于合作方为英国出版社,对中国出版界的现状了解不多,而且彼此医疗环境差别也较大,所以在理解一些问题时会出现困难。有时北京大学医学出版社认为很容易理解的地方却很难做通对方的工作,此时就要多向对方做详尽的解释工作,正说反说反复说,直到对方明白为止。有时为了一个小问题甚至要来往很多邮件,仅双方代表面谈就有8次之多,双方的领导还在法兰克福书展上谈过一次。

谈判是一门艺术,其中有着许多的策略与技巧。谈判的过程也是一个有得有失的过程,必须坚持"有理、有利、有节"的原则,既要在谈判中为自己争取最大的利益,又不可以设想剥夺对方的所有利益。

运筹全局,抢抓枢纽

"运筹全局,抢抓枢纽"是毛泽东的重要军事观点之一。毛泽东在《中国革命的战略问题》一文中写道:"懂得了全局性的东西,就更会使用局部性的东西,因为局部性的东西是隶属于全局性的东西的。""如果全局和各阶段的关照有了重要的缺点或错误,那个战争是一定要失败的。说'一着不慎,满盘皆输',乃是说的带全局性的,对全局有决定意义的一着,而不是那种带局部性的即对全局无决定意义的一着。下棋如此,战争也是如此。"①

---

① 《中国革命的战略问题》,《毛泽东选集》第一卷第175页,人民出版社1991年版。

1947年5月和6月间,国民党向山东、陕北解放区发动的重点进攻已成强弩之末,但在兵力对比上,国民党军仍占优势。他们在全国仍有248个旅,其中31个旅共20多万人压在陕北战场,56个旅共40多万人放在山东战场,对解放区实施重点进攻。一般来说,兵力优势或进击顺利的一方的指挥官容易忽视或很少想到对方有组织反攻的可能。毛泽东敏锐地看到了这一点。当对手在陕北、山东炫耀武力的时候,他认为解放军出敌不意地转入攻击,发起全国性战略进攻的时机已经到来,即使解放军的整体力量还弱于敌人,也能够在战略上予敌以突然打击,使战局朝着有利于我们的方向发展。

当时国民党在全国军事力量的布置上如同一个巨大的"乙"字,两头大、中间细。主力深陷在山东和陕北两个相隔很远的战场上拔不出来。毛泽东根据战局发展的形势,客观、全面和深刻地分析了敌我双方基本情况和敌人的战略企图,正确选定了中原地区作为我军转入战略进攻的突破口,以大别山作为此次战略反攻的主要目标。随着在大别山实施战略展开,刘邓大军在不到半年的时间里,使大别山根据地粗具规模,建立了33个县的民主政权,初步完成了战略展开,在国民党统治中心插进了一柄利剑。就在晋冀鲁豫野战军主力向大别山挺进,调动敌人20多个旅往南追击的同时,西北野战军又将胡宗南主力吸引在陕北,毛泽东又乘敌军在陕南、豫西地区兵力空虚之机,于1947年8月22日命令陈谢集团在山西垣曲东西地区突破黄河防线,向陇海路潼洛段进击,以后又挥戈东进,向豫西展开。到11月下旬,陈谢集团开辟了豫陕鄂根据地,也完成了战略展开。与此同时,华东野战军在打破国民党军对山东的重点进攻后,又全力配合晋冀鲁豫野战军作战,经聊城南渡黄河至鲁西南,尔后向豫皖苏挺进,在黄河以南、淮河以北、津浦路以西、平汉路以东广大地区展开,巩固了鲁西南阵地,恢复和扩大了豫皖苏解放区。

这样,解放军南线三路大军在战略进攻的开始阶段,实现了内线部队和外线部队的协调,外线部队中主要进攻方向和辅助进攻方向的协同。三路大军分别进入了大别山、豫陕鄂及豫皖苏地区,并经艰苦斗争站稳了脚跟。于是,敌我双方的态势发生了关键性的变化,我在中原形成了"品"字形的战略结构,这对以后人民解放战争的胜利发展起到了非常重要的战略作用。

毛泽东把中国革命看作一盘棋,善于在解决关节点上做文章,投下一着着好棋。他要求指挥员既要全局在胸,抓住战略枢纽去部署战役,部署战斗;又要突出重点,抓住关节,带动全局的发展,做到"一着成功,全盘皆活"。强调"着眼其特点和着眼其发展"。

运筹全局,抢抓枢纽,不仅在军事斗争中发挥了关键性作用,也被应用到政治、外交等各个领域。

从1982年到1992年,为了解决香港回归问题,中国政府同英国政府进行了多轮谈判,花了10年时光。在解决香港问题的每一个阶段,邓小平都在关键时刻,抓住关键问题,作出关键性的指示,从而保证了谈判的成功。"一国两制"的构想,充分体现了邓小平作为党的第二代领导核心在解决新问题方面所表现出的理论创新的胆略和勇气,以及对事物全局运筹的能力。在具体指导对英谈判和处理香港回归过渡时期出现的各种事件的过程中,更突出体现了他善于抓住事物本质,抢抓枢纽的领导艺术。

在长达22轮的中英香港问题谈判中,邓小平运筹全局,抢抓枢纽,在坚持"一国两制"的前提下,拒绝了英国首相撒切尔夫人"以主权换治权"的要求,坚持了在香港驻军的权利。坚持"在主权问题上,一分一毫也不能让",最终实现了香港的顺利回归。

在解决香港问题的漫长谈判中,邓小平总是在关键时刻,抓住关键问题,作出关键性的指示,从而保证了香港回归的顺利实现。图为1985年7月,邓小平等党和国家领导人与出席香港特别行政区基本法起草委员会第一次全体会议的委员合影。

1986年4月,香港特别行政区基本法起草委员会在北京举行第二次全体会议。

正如"不谋全局者,不足以谋一域"一样,不论是毛泽东敏锐地洞察出国民党在全国战场上的战略弱点,还是邓小平在香港问题上"一国两制"的谋划,可以说都做到了"运筹全局"。在这个前提下,毛泽东作出了挺进大别山的战略决策,邓小平则在主权问题上寸土不让。虽然他们的决策内容不同,但手法却有异曲同工之妙:抢抓枢纽。

在商务谈判中同样也需要"运筹全局,抢抓枢纽"。没有对全局的把

1987年4月16日,邓小平会见出席香港特别行政区基本法起草委员会第四次全体会议的委员。

握,没有对枢纽的掌控,想在谈判中争取到利益是不太容易的。简单来说,"运筹全局"就是把谈判中的问题、趋势、分歧、事件分解成不同的部分,从中找出每一部分的意义,再重新安排,借以找出最有利于己方的形式。进行现象分解与科学分析之后,就要有目的地寻找关键问题,即"抢抓枢纽"。因为只有找到关键问题,才能使其他问题迎刃而解。

谈判是实力与智慧的较量,无论是与什么样的对手谈判,都要讲究一定的策略。"运筹全局,抢抓枢纽",首先在于对谈判全局的掌控,其次在于对谈判关键问题的把握。

兵无常势,敌变我变

《孙子兵法》中说:"兵无常势,水无常形;能因敌变化而取胜者,谓之神。"这在军事理论中,是非常著名的观点。意思是说,领兵打仗不能总用一套作战方法,应该根据战场形势的变化,根据地形的变化,根据敌我双方力量的对比，知彼知己，实事求是地制订符合客观实际的作战方针。否则打败仗是必然的，打胜仗是偶然的。

谈判也是这样。**谈判者既要精于运筹谋划，又要善于临机应变。只有做到"因敌制变"，才能实现"因敌制胜"。**

西安事变和平解决以后，国共双方按照事先商定，本应进行合作抗日的谈判。但此时的国民党一方面与中共谈"合作"，另一方面又在它的五届三中全会上通过了《关于根绝赤祸之决议案》，要求"彻底取消其所谓红军以及其他假借名目之武力"，"彻底取消所谓苏维埃政府及其他一切破坏统一之组织"。

鉴于这种情况，奉命与国民党政府举行谈判的中共领导人周恩来没有贸然与蒋介石直接谈判，而是首先与宋美龄、宋子文等人会晤，以摸清蒋介石的"底牌"。之后，周恩来等人来到杭州才与蒋介石直接会谈。

会谈开始后，周恩来向蒋介石提交了11条书面意见，同时阐述了6条口头声明。由于通过宋美龄、宋子文等人事先做了些"铺垫"，加上西安事变和平解决后，蒋介石对国情有了些"新认识"，所以对此次杭州面谈，他态度与从前有了很大转变。他多次对周恩来表示，希望与中共

邵力子是国共两党就联合抗战问题举行谈判时的重要代表。图为邵力子晚年。

商量一个永远合作的办法。周恩来表示赞同他的话,认为拟定一个共同纲领是保证两党合作到底的"最好办法"。

杭州会谈后,国内形势出现了新气象。南京政府每月给红军30万元的军费基本落实。5月底,南京还向延安派出以涂思宗为团长的8人"中央考察团"。各种迹象表明,国共合作似乎大局已定。

国民党政府谈判代表张冲。

1937年6月4日,中共代表周恩来等人携带着《关于御侮救亡、复兴中国的民族统一纲领草案》和13个具体问题来到庐山与蒋介石举行有关国共合作的具体商谈。对于此次谈判,双方都比较重视。中共方面由周恩来、秦邦宪、林伯渠等人参加,国民党方面参加谈判的是蒋介石、邵力子、张冲等人。

谈判开始时彼此都客客气气,但一触及实质问题,蒋介石的态度就严厉起来了。在保持中共独立的问题上,他对自己在杭州的许诺又有反悔。中共在《纲领草案》中提出建立民族同盟,实行党外合作。蒋介石不同意,提出要建立"国民革命同盟会",国、共双方派相同数量的干部参加;国共两党对外行动及宣传,都由同盟会讨论决定,然后实行。同盟会主席由蒋介石担任。蒋介石还提出要毛泽东、朱德离开红军出国留洋;双方在边区政府改制、释放政治犯等问题上也僵持不下。这次谈判未能达成最后协议。

6月18日,周恩来回到延安,向中共中央汇报了庐山谈判的情况。中央书记处专门开会讨论国共谈判问题,制订了新的谈判方案。7月13日,周恩

来等人再次来到庐山。此时,由于"七七事变"的爆发,国内形势骤然紧张。这使得庐山谈话成为一次针对日本侵华形势,商讨大计的重要会议。除中共代表外,参加会谈的有国民党中央要员、国民党政府高级官员、各界名流。会谈中,国共双方虽然就一些细节达成了共识,但蒋介石不断提出中共方面难以接受的条件,谈判进行得十分艰难。周恩来建议暂时中断谈判。

随后,淞沪战役打响了,国民党政府面临的形势更加危急。这就使得国共谈判的进展顺利了许多,很快解决了庐山会谈的遗留问题,双方还商定了实施办法和具体细节。至此,第二次国共合作正式形成,几个月的艰苦谈判取得了较为满意的结果。

善谋者胜,善变者赢。商务谈判也是如此。一个人无论考虑事情多么周密,方案计划得多么详细,都会因为时间、地理、环境的变化,而使事先谋划的策略变得没有多少意义。在这种情况下,谈判人员应牢记"敌变我变"的道理,根据谈判的实际情况、过去的经验和现时的创新,随机应变,采取适当的策略,解决实际问题。

参加任何重大谈判,要想取得成功,谈判者必须坚持"敌变我变"的原则,密切注意信息的输出和反馈情况。在自己陈述

中共谈判代表叶剑英与秦邦宪在西安。

理由以后，要认真观察对方的反应。除了要仔细倾听对方的话，从话里分析反馈情况，还要察言观色，从对方的眼神、姿态、动作、表情来揣测对方对我方陈述的感受，考察对方是否对正在商谈的问题感兴趣，是否正确理解了我方传递的信息，是否能够接受我方的意见。然后，根据考察的结果，及时、灵活地对自己的陈述进行调整，转移或继续话题，重新设定说话内容、方式，必要时甚至可以终止谈判。如果谈判中发生了意料之外的变化，就要从实际出发，在谈判目标规定的许可范围内灵活变通。如果思想僵化、死板，不能及时应付变化了的形势，必将在谈判中失去优势，并可能导致利益受损。

活鱼下锅，反客为主

"反客为主"出自《三十六计》，原文说："乘隙插足，扼其主机，渐之进也。"意思是说，要乘对方的间隙疏忽，主动出击，从而掌握主动权，逐渐展开声势，扩大自己的成果。而"活鱼下锅"也是这个意图。按常规来说，下锅的鱼虽是新鲜的，却都不是活鱼。既然活鱼下锅，也就是要主动出击，掌握主动权，从而使局势有利于己方。

活鱼下锅，反客为主，是中国共产党经常使用的谈判策略。

抗日战争胜利后，蒋介石三次致电毛泽东，邀请毛泽东速到重庆"共定大计"。其实蒋介石并非是想通过谈判来实现国内和平。他真实的目的有两个：一个是利用谈判为调兵遣将、部署内战而争取时间。另一个就是如果毛泽东拒绝到重庆谈判，就把战争的责任推到共产党身上，给共产党安上拒绝谈判、蓄意内战的罪名，使自己在政治上处于有利地位。当时重庆是国民党的统治区，而蒋介石估计毛泽东不敢冒险来重庆。

令蒋介石没有想到的是,以毛泽东为首的中国共产党人,为了中国的前途和命运做出了历史的抉择——赴重庆谈判。

毛泽东不顾个人安危,亲赴重庆的壮举,向国内外宣告了中国共产党是真诚谋求和平的,是真正地代表全国人民的利益和愿望的。毛泽东等人到达重庆,引起了举国关注,受到舆论界的热情赞誉。重庆《大公报》发表社评说:"毛先生能够惠然肯来,其本身就是一件大喜事。"《新华日报》发表读者来信说:"毛泽东先生毅然来渝,使我们过去所听到的对中国共产党的一切诬词和误解,完全粉碎了。毛先生来渝,证明了中共为和平、团结与民主而奋斗的诚意和决心,这的确反映和代表了我们老百姓的要求。"

重庆谈判是一场异常复杂而艰苦的斗争。由于中国共产党的主动

毛泽东在重庆期间,张治中特地腾出自己的公馆桂园作为毛泽东办公和会客的地方。"双十协定"就是在这间客厅里签订的。

1945年10月11日,毛泽东在王若飞、张治中陪同下飞返延安,重庆各界人士到机场送行。左起:张澜、邵力子、郭沫若、傅学文、张治中、毛泽东。

出击,在重庆谈判中反客为主,赢得了主动权。国民党对这次谈判没有诚意,也没有估计到毛泽东真的会来重庆,所以根本没有准备好谈判方案,只能由中共代表先提出意见和方案。而且中共代表团在谈判中又把原则的坚定性和策略的灵活性巧妙地结合起来,对国民党的无理要求予以坚决拒绝,同时在不损害党和人民根本利益的前提下,在某些方面作出让步,从而争取了主动,赢得了全国人民与社会各界的支持,使以蒋介石为首的国民党顽固派日益陷于孤立、被动。

主动出击,反客为主,目的就是为了要在谈判中获得主动权。但是在谈判中却不能表露出这种心态,因为一旦你在谈判中付出的代价越大,你就越不会轻易放弃这次谈判,而对方恰恰会利用这一点,想方设法在人力、物力、财力、时间等方面与你打消耗战,以便夺取谈判的主动权。

有关谈判的准备工作是很有必要的,只有真正了解了自己和谈判对手的情况,才有可能在谈判中寻找机会,反客为主,掌握谈判的主动权。

我国某机床公司的A经理率一行五人到美国推销机床,与外国商人进行了面对面的商务谈判。谈判在华盛顿的B公司总部举行。一开始,A经理就表示说,谢谢主人的欢迎,我们这次完全是带着诚意来贵厂的,希望马上签订协议,我们还要和其他公司商量合作事宜,并且中国的春节马上就到了,我们还要赶回去过春节。

听了这话,B公司董事长不慌不忙地笑着说,离春节还有一段时间,A先生不必急着回去,我们作为主人很愿意陪同客人到处看看。还是将协议谈得细一些好,以免现在匆忙签字,将来出现纠纷。在正式签字之前有关设备的价格还是要再议一下。A经理一行人只好先等等再说。

可让人没想到的是,B公司连续三天仍然没答复。同行的人已经坐立不安了,有的人建议A经理给B公司董事长打个电话,对方如果没有诚意就算了!A经理却显得胸有成竹,和同事们谈笑自如。原来在这几天里,他并没有闲着,而是通过各种渠道收集了有关B公司的资料,得知B公司虽然已经与亚洲一地区达成一笔与本公司规格基本一致的机床购进协议。但因其高额税收及其他壁垒,对方迟迟不发货,可是美国B公司却已经同客户签订了合同,急需这种规格的机床。掌握了这个情况之后,A经理不动声色,耐心等待,不催也不问。果然美国B公司董事长沉不住气了,第四天下午打电话过来要求再谈谈。经过几次交锋,终于按A经理的报价成交了100台机床。

此次谈判中,A经理开场便直入主题,有些操之过急,急于求成,反而被B公司董事长识破,给予了回击,使自己处于被动地步。后来,A经理通过搜集资料,深入了解了B公司的供应商情况和客户状况后,运用"欲擒故纵"计谋,迫使B公司主动相约来谈,又使得自己在谈判中反客为主,占有了主动权,谈判最终获得了成功。

由此可见,谈判中运用的计谋是灵活的,并非一成不变。要想在谈判中反客为主,需要随着谈判进程的实际情况及时调整自己的谋略。但有一点是必须的,那就是要在谈判之前或谈判之中,要时时掌握对方的谈判需求,如此才能对症下药,迅速出击,抓住主题,在心理上抢占优势,掌握谈判的主动权,推动谈判走上成功的轨道。

你打你的,我打我的

在谈判中,失去主动权的一方往往就要失去较多的利益。所以,谈判的双方都会利用一切可以利用的手段和智慧掌握主动权。而"你打你的,我打我的",则是争取主动权的有效策略。

"你打你的,我打我的"是毛泽东在革命战争时期提出的一项战术策略。1947年4月,晋察冀军区发起正太战役,首先歼灭石家庄外围的国民党军,然后沿正太铁路向西,歼灭由太原出援的国民党军。此时,国民党军集中7个团的兵力,对冀中解放区重镇胜芳镇发起进攻。

是回师援冀,还是继续发起进攻?聂荣臻等前线指挥员决定:不为敌人攻势所动,按预定计划发起战役。晋察冀军区部队顺利完成第一阶段作战目标。主力置攻入解放区的国民党援军于不顾,迅速西进山西,发起了第二阶段进攻作战。

毛泽东接到前方报告,极为欣慰,电示聂荣臻等人:你们现已取得主动权,如敌南援,你们不去理他,仍然集中全力完成正太战役,使敌完全陷入被动,这是很正确的方针。正太战役完成后,应完全不被敌之动作所迷惑,选择敌之薄弱部分主动地歼击之。选击何部那时再定。这即是先打弱的,后打强的,你打你的,我打我的(各打各的)政策,亦即完全主动的作战政策。

晋察冀军区根据毛泽东的指示,横扫晋西南,围攻阳泉,诱出太原国民党军两个师来援,将其包围于测石驿地区彻底歼灭。整个战役,共歼敌3.5万人。

"你打你的,我打我的"不仅是基本的战争策略,也是谈判工作的重要原则。在抗美援朝战争的停战谈判中,志愿军坚持"各打各的"战略,边打边谈,始终牢牢地掌握着谈判的主动权。

在朝鲜停战谈判期间,朝中方面的每一项提案,几乎都要遭到"联合国军"代表的反对,敌军还不断制造借口,挑起军事冲突。在彭德怀的直接指挥下,志愿军前线部队依托坚固的阵地,以战场的胜利有力支援着谈判桌上的斗争。1952年7月13日,"联合国军"提出,遣返朝鲜人民军战俘占应遣返总数的80%左右,遣返中国人民志愿军战俘占应遣返总数的32%。对此,中方表示决不接受,并坚持与敌人斗争下去。为了扭转战场上的被动局面和谋取谈判中的有利地位,美国代表单方面宣布:"谈判无限期休会",并在上甘岭地区对志愿军发动了空前激烈的"金化攻势"。中国人民志愿军对敌人进行了顽强的抗击。这次战役,我军以伤亡11500余人的代价,取得了歼敌25000余人、击落击伤敌机270余架的重大战果。

经过这样谈谈打打、打打谈谈,反复多次的较量,美方被迫接受"关于遣返战俘"问题的提案。

"你打你的,我打我的",关键在于要有"我的"一套。谈判中,首先不与对手纠缠,决不以对手期待的形式与之交锋;其次是灵活的策略,调动对手,出其不意,把谈判导入对自己有利的轨道,按照自己的节奏、方式,主动地与对方周旋。中国共产党在历史上的一系列重大谈判中之所以能够取得有利的结局,重要原因之一,就是形成了"我的"一套,形成了一整套行之有效的谈判策略,掌握了谈判的主动权。

任何谈判高手都应当明白,要获得谈判的成功,必须力避被动,力争主动。主动权,是成功之母,掌握了主动权,常能高屋建瓴,势如破竹;失去了主动权,就要受制于人,"兵临险境"。这就要求谈判者在谈判中要辨明形势,"你打你的,我打我的",以掌握谈判的主动权来赢得谈判的顺利进行。

志愿军谈判代表在开城。前排左起:解方、李克农、边章五、杜平、乔冠华。

要想在谈判中掌握主动权,就应尽可能多地了解对方的情况,抓住对方的弱点。在朝鲜停战谈判中,我们就是利用美方在战场上连连失利,国内兴起反战高潮的弱点来获得朝鲜停战谈判的主动权的。

志愿军坚持"边打边谈"、"各打各的",在战场上和谈判桌上粉碎了美军的一次又一次进攻。图为祖国慰问团团长贺龙与上甘岭战役的英雄们合影。

为此,我们在谈判时,要注意了解自己和对方的弱点,掌握谈判的主动权。有些弱点可以直接向对方挑明,有些弱点不可以挑明,特别是涉及至关重要的秘密信息时,不可以轻易挑明。掩饰好自己的弱点,控制住对方的弱点,将对方引入自己的谈判计划,对分歧问题坚持"各打各的",不轻易妥协与退让,坚持自己的谈判立场,努力推动谈判进程。

快是方针,拖是妙计

在谈判中,"争分夺秒"有它的优点,"拖延时间"也有它的用处。两个法宝兼备,是谈判人员应有的谈判艺术。

朝鲜战争爆发后,中朝两国军队并肩作战,到1951年初夏,经过五次大的战役,"联合国军"损兵折将23万多人,从鸭绿江边败退到三八线。美国统治集团看不到胜利的曙光,国会为此事吵得不可开交,公众也对当局不满,主要盟国则担心美军深陷朝鲜而削弱在欧洲的力量。正是在这种内外交困的情况下,美国政府提出停战谈判的请求。出于和平考虑,中国政府接受了美国政府的提议。毛泽东主席点将李克农主持朝鲜停战谈判工作。

谈判是在战场西端的板门店举行的,中朝方面出面谈判的是朝鲜人民军南日大将和志愿军副司令员邓华将军等人。

这一天,谈判中出现了罕见的僵局,双方都在等待对方开口,但谁也不开口,都一直沉默着,空气仿佛凝固了一般。在静坐持续了将近一个小时后,坐在参谋席上的柴成文轻轻离开了会场,来到离会场仅有百米之远的一间民房里,这是李克农为及时了解会场情况临时办公的地方。

此时,李克农、乔冠华及朝鲜翻译安孝相正守候在那里。柴成文向李克农汇报了会场上的情况。李克农听后毫不犹豫地说:"这是一个阴谋,就这样坐下去。"柴成文回到会场后在一个纸条上写了"坐下去"三个字,侧身交给坐在前排的解方,解方看后顺手交给了邓华、南日、李相朝和张平山。中朝谈判代表成员都看了纸条,一个个都沉下心来,脸上的表情也由焦躁不安变得沉稳而笃定,挺直腰板,稳稳地坐在那里。对方再也无法忍耐这难堪、沉闷、压抑的沉默了,马拉松式的耐心竞赛终于见了分晓,美方代表首先宣布:休会,退席。这轮谈判整整沉默了132分钟,这大概是谈判场上沉默时间最长的纪录。

中朝代表也有以快制胜的绝招。轮到中朝代表主持会谈了。李克农说:"他们没诚意,我们没必要陪他们浪费时间。"于是,朝鲜首席代表宣布会议开始,双方代表刚刚落座,又马上宣布休会。只用了25秒。弄得美国人频频耸肩晃脑,连声"NO、NO",一副惊讶莫名之状。

快是一种谈判技巧,拖也是一种谈判技巧。李克农将这两种谈判技巧,运用得出神入化。弄得美国人自叹弗如,不由地深深敬畏中朝代表的胆识与机敏。1953年7月27日,经过千辛万苦的马拉松式谈判,在志愿军军事打击的配合下,终于签字了。这是一场历史上罕见的停战谈判,历时两年零十几天,两易会场,5次中断,共开了58次双方代表团大会,733次各种小会,真可谓来之不易。

谈判追求的是效率,最好能速战速决。现在人们常言:"时间就是金钱,效率就是生命。"世界上有很多国家的商人都视时间为资本,和他们谈生意就需速战速决。

犹太商人的重要格言之一是"勿浪费时间"。他们持彻底的"时间就是金钱"的立场,把时间看作商品。浪费时间,便等于浪费他们的商品,也等于浪费了他们保险柜里的金钱。他们常以一分钟多少钱的概念来工作,在工作时间内不愿意为会见一个无聊的人而耽搁一分钟。

因此,他们不欢迎那种没有预约的不速之客,并且在谈生意时经常会压缩会晤时间。比如,将半小时压缩为10分钟,10分钟压缩为5分钟或1分钟。与他们谈判,迟到是绝不容许的。用犹太商人的话来说,即商业谈判好比快车相互错车那一瞬间一样,假如你不牢记彼此都处在争分夺秒的快道上的话,你永远做不了犹太人的贸易伙伴。在有才干的犹太人办公桌上,绝对找不到"尚未决定"的公文。有关生意的信件来后,要当机立断进行处理。

美国商人的作风也较为明快,为追求自己的商业利益,多数人都具有很强的时间观念,在参加商业谈判时,也希望速战速决。如果谈判遇上这样的对手,另一方就应事先做好充分的准备,搜集的信息要尽可能全面周到,设计的方案要尽可能周密实用。无论美国人提出什么样的谈判要求,都应该有妥善的对策。如果不是这样,稍有脱节,就会造成一定的精神紧张。而以霸气著称的美国商人,全都是确立优势后便乘胜追击的好手。倘若因此被逼签下"城下之盟",岂不损失惨重?

商业谈判虽然追求的是效率和速度,但也不能急于求成。俗话说"欲速则不达",一旦操之过急,极易过早地向对方透露自己所要达到的目的,让对方抓住主动权。在求成心切的同时,急躁、紧张随之而来,结果该说的没说,该做的事忘了,形成受控于人的局面,待冷静下以后,追悔莫及。

日本人在洽谈业务时深知"欲速则不达"的道理,他们不到最后节骨眼上决不松口。据说他们在与我国一家企业谈引进机械设备时,拖了5年才达成协议。

日本人也善于在谈判中运用拖的妙计。有一次日本的一个公司到美国与一家公司进行贸易谈判。美国人素有"速战速决"的美称,谈判一开始,美方代表发起强烈的攻势,想逼使日方迅速成交,而日本人善于搞"蘑菇战",谈判期间,一言不发,埋头记录,然后返回日本。六星期后,日方派另一批代表来美国进行第二轮谈判,这些日本人似乎不知道前一轮谈判的内容,美国人只好从头开始,照旧滔滔不绝,日方故技重演,带着记录又走了。以后的几轮谈判日方都是如法炮制,两年过去了,日方毫无表示,美方不得不认为合作无望,哪知日方的决策代表团突然来到美国,作出决策,弄得美方措手不及,十分被动。可见美国靠"速战速决",欲先发制人,"欲速则不达",实则处于被动地位。日本以"蘑菇战"拖垮对方,控制了整个洽谈的大权,结果慢中求成,稳中求胜。

商业谈判中,求快是方针,而拖延却是妙计。任何谈判都要注意实效,双方都会把自己的利益放在第一位,要在有限的时间内解决各自的问题,这样往往容易产生一些分歧。当双方"谈不拢"造成僵局时,有必要把洽谈节奏放慢,看看到底阻碍在什么地方,以便想办法解决。商业谈判者要根据谈判实际来随机应变,把"快"与"拖"这两种谈判技巧灵活加以运用,才能达到谈判预期的效果。

实则虚之,虚则实之

"实则虚之"与"虚则实之"是战场上常用的两种战术。"实则虚之"是指,在自己兵力雄厚的情况下,故意做出空虚的样子或露一些破绽,引诱敌人来攻从而聚而歼之。而"虚则实之"刚好相反,是在己方处于不利形势时,故意伪装成实力雄厚的样子,威慑对手,使其不敢贸然进攻,这是一种以假隐真、迷惑敌人的策略。在谈判中,实则虚之和虚则实之这些谋略被灵活运用了,就是要讲究虚实结合,实中有虚,虚中有实,让对方摸不着头脑,搅乱对方的判断思维,达到"出其不意,攻其不备"的效果。

天津战役即将开始时,东北野战军参战纵队逼近天津城郊,双方主帅都在运筹帷幄,斗勇斗智。当时国民党在天津的警备司令是陈长捷,他根据天津北面、东北面地形比较开阔平坦,西南和南面地势低洼、河渠较多、水网交错等特点,判断解放军将从城北或城东北面实施主攻,故将主力部队置于天津西北防区和东北防区,其余防区由非主力部队防守。为进一步探听虚实,确认解放军的主攻方向是否如他所料,陈长捷还借谈判之名,派人实地摸清解放军的底细。

1949年1月10日,陈长捷派出由国民党天津市参议会组成的代表团,出城与解放军谈判。东北野战军参谋长刘亚楼一眼就看穿了敌人的花招。他将计就计,在天津西南解放军驻地大南河会见对方谈判代表时,故意比预定时间迟到15分钟。在与对方寒暄时,他一面道歉一面解释说,北面一带,街道狭窄,汽车不好通过,以致耽误了一点时间。次日,陈长捷要求派代表团第二次谈判,刘亚楼又将谈判地点改在天津西北的北仓附近,同时,还命令部队在城北构筑掩体、挖交通壕,佯示解放军的攻城指挥部和主攻方向均在城北。

刘亚楼时任东北野战军参谋长,1955年授上将军衔。

北仓谈判虽然没有结果,但陈长捷的代表喜形于色,感到此行获得了重要情报。殊不知正中了刘亚楼的计谋。

事后,刘亚楼又组织炮兵部队向天津北部试射。果然,陈长捷误认为解放军攻城指挥所设在城北,主攻方向也在城北面,就急急忙忙把他的主力第一五一师从城中心区调到市北边加强防御。这就为解放军攻城突破、避实击虚创造了

东北野战军和华北野战军负责人在平津前线司令部合影。前排左起：聂荣臻、罗荣桓、林彪；后排左起：黄克诚、谭政、萧华、刘亚楼、高岗。

极为有利的条件。

　　这种虚虚实实的做法在谈判中很常见，特别是在商务谈判中，真中有假，假中有真，虚实互变的情况，极易扰乱人的判断，影响人的决策。

　　几年前，我国某公司与美国一家大公司谈判，目的是想从美国这家公司引进一种生物产品的生产技术。而美方只想销售产品，并不打算转让生产技术。

　　为了达到引进技术的目的，中方谈判班子事先进行了多方面的市场调查，做好了充分的准备。通过调查，我方了解到，这种产品在国际市场上基本上是被两家大公司所垄断：一家是美国的这家公司，一家是法国的一家大公司。近几年来，这两家公司一直在明争暗斗，都想占领中国这个大市场。

　　谈判一开始，美方谈判代表果然大谈要请中方公司作为他们产品的进口代理商，闭口不提技术转让的事。谈判一开始就陷入了僵局。

为了打破僵局，中方谈判代表故意把矛盾先放在一边，不再与美方谈引进生产技术的事，而是故意向美国人透露中方所掌握的那个生产同样产品的法国公司的情况。美方深为吃惊，误认为中方已经与法国的这家公司有着不寻常的关系。

美方谈判代表坐不住了，态度来了个一百八十度的大转弯，话题已不再是产品销售了，而是转到了技术转让上。他们大谈美国的技术比法国公司的技术更加优越。而且还郑重承诺，愿意向中方转让生产技术，强烈要求中方首先选择他们的生产技术。双方很快就达成了技术转让协议，最终实现了中方的谈判目的。

谈判中，所有的策略都要围绕着谈判目的。本例中因为中方事先了解到，美、法两国的公司都想争夺中国这个大市场，所以中方谈判代表虚晃一枪，直中对方要害，才最终逼得美方谈判代表答应了中方的要求，实现了中方的谈判目的。如果不是事先做了充分的准备，只是简单地虚晃一枪，不仅不能收得实效，反而会踏空、被动。

谈判既靠实力，也要讲究谋略。在谈判中，可能双方都会使用虚实相生的策略，那就更需要在谈判之前，做好充分的调查准备。有了充分的准备，就能够对谈判中涉及的各种情况总是心中有数。所谓知己知彼，百战不殆。谈判中技高一筹、出其所料者，才不易被对方牵着鼻子走。真正的谈判高手，往往能够充分利用各种有利条件，使谈判向着有利于自己的方向发展，最后获得满意的结果。

第八章

自信不倒，胜利就在眼前

"战略上藐视敌人，战术上重视敌人"，在商务谈判中同样适用。战略上藐视，是一种谈判桌前的优越感，是在心理上略高于对方一等；战术上重视，是要争取主动，灵活出招。

战略上藐视敌人,战术上重视敌人

战略上藐视敌人,战术上重视敌人,是毛泽东运用辩证唯物主义和历史唯物主义的观点,从事物本质、斗争的全局、力量对比的发展来分析观察问题,为中国共产党和人民军队制定的对敌斗争的战略与策略。

1946年6月开始的国共南京谈判就体现了中国共产党"战略上藐视敌人,战术上重视敌人"策略。这次谈判是第二次国共合作以来,中国共产党在处境最为不利的条件下,举行的最为困难的谈判。当时,在国民党优势兵力进攻下,东北四平刚刚失守,国民党军队接着攻占了长春,同时在其他一些地区进行了占领准备,全面内战一触即发。国民党疯狂抢占抗战果实,在遭到人民军队顽强抵抗情况下,企图利用暂时的军事优势施加压力,迫使中共做出更大让步,同时也为进一步蒙骗舆论和人民,又开始玩弄起和平谈判阴谋。中国共产党为了应对蒋介石即将发动的全面内战,也急需时间进行准备,谈判就是在这样的背景下展开的。

此次谈判沿用陈诚（后由徐永昌接替）、周恩来和马歇尔组成的三人会议形式举行。5月24日，蒋介石两度以宋美龄的名义致函马歇尔，提出4项条件：完全实行1月10日的停战协定；继续进行2月25日签订的整军方案；履行2月11日商定的恢复交通办法；先决条件是中共不得阻碍政府接收东北主权和修复全国铁路，履行上述三项协定，必须予以美国代表解

1946年5月，国民党政府还都南京。5月3日，中国共产党代表团到达南京继续与国民党谈判。图为李维汉、董必武、邓颖超、周恩来在南京梅园新村30号中共代表团驻地合影。

释权、仲裁权、决定权。给予中共的交换条件是，在整军方案规定总数不变的前提下，在东北可拥有3个师，同时为这3个师分别指定了驻区。

在严峻的战争形势下，面对国民党的苛刻条件，周恩来毫不畏惧，方寸不乱，表现了藐视敌人的气概，同时在战术上表现了谨慎性和灵活性。根据党中央和毛泽东主席确定的战略部署，他当日答复，原则上同意前三项，对核心的先决问题和驻军问题表示：苏军已撤，意即东北接收主权问题已不存在；中共驻区应由三人会议讨论整军时决定，意即蒋无权单方面指定；愿就美方调查程序的决定权做努力，意即其他职权不作考虑。

蒋介石企图通过战争迫使中国共产党就范,在东北占领四平、长春、吉林等十余城后,却故意拖延时间不发停战令。又悠然出巡了11天,于6月3日才回到南京,6日发布东北停战令,规定从7日起停战15日,其间必须使东北停战、恢复交通以及整军补充方案三个问题完满解决。

中国共产党此时的总方针是推迟内战爆发,策略重点放在谈判程序上。由于"停战"、"交通"争议不大,焦点是整军,故力求将三项谈判分开,以期分别解决问题。国民党急于发动全面内战,要求三项协议"同时签字",以使谈判无法拖延。

整军补充案的关键内容有:周恩来提出的中共增加东北驻军数额问题;徐永昌提出的为中共关内外军队划定驻军区域问题;蒋介石提出的中共必须退出6月7日后进占的山东、山西等地,尤其是要退出胶济路、承德、苏北和古北口等问题。对于国民党的要求,周恩来以双方划定驻区和划定双方驻区的对案,回应对方单方面为我方指定驻区的动议;以共军撤离、国军不进、原政权保留的军民分治对案,回应对方强令中共退出苏北等地的动议。这些做法既不正面拒绝,又使对方的动议不能成立,将原则性与灵活性结合,完美地体现了高超的谈判斗争艺术。

在南京的中共代表团办事处证章

国民党谈判代表陈诚

由于国民党坚持顽固立场,谈判陷入僵局。6月底,蒋介石不宣而战,大举进攻中原解放区。7月中旬,进攻胶济路沿线和苏北,南京谈判最终破裂。但这次谈判达到了两个战略效果:其一,为中国共产党赢得了时间,掌握了主动;其二,由于周恩来的对策言之有理、持之有据,在一定程度上争取了马歇尔,使其直至后来也未完全倒向蒋介石。

美方参与国共两党停战谈判的调停人马歇尔

"战略上藐视敌人,战术上重视敌人",在商务谈判中同样适用。战略上藐视,是一种谈判桌前的优越感,是在心理上略高于对方一筹;战术上重视,是要争取主动,灵活出招。

2006年,在一个世界知名公司举行的高级职位竞聘中,一名女硕士在经历了两个月六轮面试后,击败了所有对手。当她最终得到了这个期盼已久的职位时,却对公司提供的薪水非常失望。但由于担心会危及已到手的位子,她没有提出任何质疑就接受了公司给出的低薪条件。而这天下午公司主管给招聘代理的电话中,说让他感到意外的是竞聘胜出者接受了他提出的低薪条件,事实上,他提出的只是薪金谈判的起始线,早就准备给予更高的薪水。

这个例子中,女硕士走过了六轮紧张激烈的面试,说明她很有实力,而且公司对她非常有兴趣。在向她提供该职位的时候,很明显,公司认为她是最优秀的应试者,即使对提供的薪金标准有什么问题,也不会立即收回承诺。女硕士显然对自己的信心不足,面对薪金谈判的强势对手,没能在战略上藐视,自动退下阵来。其实,大部分老板对于谈判薪金或者在薪水问题上讨价还价还是有心理准备的。所以,应聘者一方面要勇于在薪金问题上与公司主管谈判,同时在战术上予以重视,可以从对公司和自身的价值判断出发提出公正、合理的标准。只要做到公正与合理,自身又有实力,雇主一般不会反驳你。即使当时没有涨工资,也为以后涨工资埋下了伏笔。

多谋善断,机动灵活

西方有句谚语,条条大路通罗马。在谈判中如果一味坚持自己的要求,不照顾对方利益,就会使谈判陷入僵局。聪明的谈判策略是,既要坚定原则性,也要多谋善断,采用机动灵活的策略,及时找出替代方案,促使达成协议。

新中国成立后,以美国为首的西方国家对新中国采取了军事威胁、政治孤立、经济封锁的政策,不承认新中国的合法地位。1963年10月,法国总理富尔冲破封锁秘密访华,代表戴高乐总统向中国政府表达建交意愿。中国政府决定抓住这一机会,打开与西方世界交往的大门。

由于双方都有建交意愿,谈判很快进入了实质性环节。两国建交谈判的前提是,法国政府必须承认台湾是中国的一部分,承认中华人民共和国政府是代表中国的唯一合法政府。这也是中国政府与任何国家建交时坚持的首要原则。但法国代表却在谈判中回避公开承认中华人民共和国政府是中国唯一合法政府和反对'两个中国'的问题,用他们的话说,法国政府不想给人造成法国在建交上有求于中国的印象。为此,他们在谈判开始时就提出了无条件承认、有条件承认、延期承认

三个方案,希望中国政府采取第一种方案而不要附加任何条件。对此,中国谈判代表周恩来总理明确表示,中国政府在台湾问题这一原则性问题上决不让步。针对法方提出的三个方案,中方相应提出了全建交方案、半建交方案和暂缓建交三个方案,表示欢迎法国政府采取全建交方案。双方互不让步,谈判一度陷入僵局。

中法建交有利于打破美国和国际反华势力对中国的封锁、包围,也有利于反对美苏两个超级大国垄断世界事务,对发展中国同西方国家的关系有着重要意义。这是当时的大局。周恩来还考虑到,法国政府与中国建交会面临国内反华势力集团、美国及台湾势力的压力,中国政府在坚持原则性的同时可以在一些细节上有所让步。

仔细分析了双方的观点后周恩来认为,双方有两个分歧:一是承认新中国是否附加条件的问题。法兰西人的骄傲使得法国政府不愿丢面子而接受中国的附加条件,那么我方可以不再要求法方以书面形式声明"一个中国"的立场,而由我方单方面在照会中予以申明,法方以实际行动默认的方式加以肯定就可以。第二个分歧就是断交建交谁先谁后的问题。法方一再要求先同新中国建交而后再同台湾当局断交,并声明这不是从政治上考虑,而仅仅是出于礼遇问题——戴高乐总统不好主动驱逐台湾当局驻法国代表。根据当时法台关系的实际情况,要法国政府主动驱逐台湾当局的驻法代表,的确有些困难。只能寄希望于自动断交比较现实。也就是说,法国政府宣布同中国政府建交后,台湾当局驻法代表自动撤离,法国政府也相应召回驻台湾的外交代表。

通过以上思考,中国代表想出了一个新的方案。新方案在坚持反对"两个中国"的原则立场的同时,对建交的具体步骤和"驱蒋"的具体方式采取了变通处理的方针:不再要求法国政府先宣布同台湾断交,而以内部默契这种匠心独运的方式处理法台关系问题,即在中法双方就法国政府承认中华人民共和国政府是中国唯一合法政府并承担相应义务达成默契的情况下，采取中法先宣布建交从而导致法台断交的特殊方式。

这一照顾双方根本利益的方案得到了法国政府的同意。1964年1月27日，《中法建交公报》发表，声明在3个月内双方互派大使。2月10日，法国政府声明：即将到达巴黎的中华人民共和国外交使团将是中国的外交代表，由此否认了台湾当局的地位。中法两国建交使美国长期以来孤立中国的政策在西欧打开了一个重要缺口，在我国外交史上具有重大意义。

企业在商务谈判中，也应注意在坚持原则的基础上采取灵活机动的策略，努力找出双方都可以接受的方案，促进谈判达成双赢的结果。

某移动公司为了扩大规模通过招标方式购买相当数量的发电机组，加拿大的一家机电公司决定抓住这个机会拓展市场。参与竞标的除了加拿大公司外还有三家公司，其中一家美国公司产品技术高，质量好，但价格高出加拿大公司20%，其他两家公司价格相对较低，但产品质量和市场反馈不是很理想。

移动公司代表与上述四家公司代表谈判后决定购买加拿大公司的产品。经过几轮质量、技术的谈判后双方进入价格谈判的关键阶段。移动公司代表提出，鉴于机电市场的整体价格水平，希望加拿大公司在价格上作出一些让步。加拿大公司却表示，其产品素来采用高质量、高价格、高售后服务的销售政策，价格上不能再让步。由于双方都坚持原则，谈判难以继续。此时，加拿大公司又获得了一个信息：由于移动公司事业发展很快，除发电机组外还需要采购大量其他设备，但上面的财政拨款还没有下来，银行贷款在短时期内也批不下来，也就是说移动公司有资金紧张的压力。

加拿大谈判代表经过认真分析后，决定在对手这一弱点上采取一些灵活措施。再次谈判时，加拿大公司的谈判负责人开门见山地说，为了表示初次合作的诚意,我们可以做出一些退让,但不是在价格方面,而是在其他方面的退让。据我们所知,贵公司事业发展很快,你们需要采购大量的设备,肯定有资金方面的压力,我们可以在付款方式方面做出一定的退让。过去通行的付款方式是361,也就是说,签订合同时付30%,产品交割时付60%,设备安装调试运用无误后再付10%。现在我们可以在付款方式上做些调整,设备安装调整运用无误后,两个月后的第一天,你们支付全款。

加拿大方的这个条款可以缓解移动公司资金紧张的压力,切中了移动公司的要害,鉴于其诚意,移动公司在价格上也作出了相应让步,最后,加拿大公司以理想的价格将发电机卖给了这家移动公司。

在这项谈判中,加拿大机电公司的谈判代表在实现谈判目标时没有死守规定,而是采取灵活机动的策略,及时抓住对己方有利的信息,并通过这个信息找到了一条有利于达成谈判的途径。

用兵之道贵在随机应变,多谋善断,谈判之道亦如此。当谈判处于不利位置或陷于困境时,不妨转换思路,另辟蹊径,以求达到"山重水复疑无路,柳暗花明又一村"的效果。

敢于斗争,善于胜利

谈判是力量的竞赛,又是正确运用力量的竞赛。克敌制胜,不仅需要敢于斗争的大无畏精神,而且需要善于斗争的科学态度。20世纪80年代,我国为收复香港主权与英国进行的谈判充分体现了敢于斗争、善于胜利的精神。

从1841年英国武力侵占香港岛开始至中英两国就香港回归中国

举行谈判的一个多世纪,中国经历了晚清时期、民国时期和新中国成立后的历史时期。无论是清政府还是民国政府,都曾为收复香港进行过努力,但都失败了。尤其是1942年,国民党政府与英国政府进行了4个月的谈判,未能收回九龙租借地,确是国民党政府的无能。当时有绝好的国际国内条件,本应把握时机,据理力争,坚持原则,以求成功。但由于国民党不能洞察世界大势,心理软弱,企图以妥协退让来换取与英国的"团结",结果中国愈退,英国愈进,最终造成中方有理而受挫,英方无理而制胜的局面。

新中国与英国建交后,1982年9月,英国首相撒切尔夫人首次访华。中英就香港问题的正面较量开始了。当时,号称"铁娘子"的撒切尔夫人刚刚领导英国政府打胜了马岛战争,心气很高。她并不想把香港交还给我们,曾考虑过搞国际共管,考虑搞全民公决,搞第二个新加坡,甚至考虑过在军事上跟我们对抗。但是,中国毕竟不是阿根廷,香

1984年12月,邓小平、李先念、赵紫阳出席中英关于香港问题的联合声明签字仪式,同英国首相玛格丽特·撒切尔举杯相互祝贺。

1986年10月,邓小平在北京会见来访的英国女王伊丽莎白二世。

港也不是马岛,英方此前的各种试探均遭到我方的坚决反驳。24日,邓小平会见撒切尔夫人。邓小平强调:主权问题不是一个可以讨论的问题,中国在这个问题上没有回旋的余地;1997年中国将收回香港,不仅是新界,而且包括香港岛、九龙;不迟于一两年时间,中国就要正式宣布收回香港这个决策;香港继续保持繁荣,根本上取决于中国收回香港后,在中国管辖之下,实行适合香港的政策。邓小平还讲了一句很厉害的话:"我们还考虑了我们不愿意考虑的一个问题,就是如果在15年的过渡时期内香港发生严重的波动,怎么办?那时,中国政府将被迫不得不对收回的时间和方式另作考虑。"[1]这是中英双方在香港问题上进行的最关键的一次会谈和较量,后来邓小平称之为"定调子"的会谈,即:第一,中国决心按照"一国两制"的设想,于1997年收回整个香港地

---

[1] 《英国前首相撒切尔夫人:曾经的悲伤与痛苦》,《钱江晚报》2007年6月25日。

区,主权问题不容谈判;第二,希望中英合作实现香港的平稳过渡;第三,如谈不成,中方将单独采取行动;第四,如出现动乱,就将采取非和平方式提前收回香港。这一下打掉了撒切尔夫人的气焰,她走下人民大会堂东大门台阶时还摔了一跤。

后来经过十七轮艰苦谈判,我方先后挫败了英国拉香港作为独立第三方形成二对一的"三脚凳"战术、制造"港人欢迎英国继续统治"的"民意牌"、制造恐慌情绪的"经济牌"、蓄意长久插手香港的"共管牌"、退而求其次的"密切联系牌"及散布谣言的"不驻军牌"等手法,最终双方确定了交接的具体事项,于1984年底正式签署了中国1997年7月1日无条件收回香港的《中英联合声明》。在过渡期内,我国对港英当局的种种小动作进行了针锋相对的斗争,最终于1997年6月30日完成了平稳交接,实现了中华民族150多年的夙愿。

在商务谈判中也要发扬"敢于斗争,善于斗争"的精神,既要为了

香港交接仪式

己方的利益勇于进行坚决的斗争,又要注意斗争的策略和方法。

1978年底,我国急需从国外引进一套高效农药的生产设备,为此同某外国公司的代表举行谈判。在一番激烈的讨价还价之后,天色已晚,夜幕降临,双方摊牌了。中方经过几次压价后,又一次提出降价的要求。外商激动地从谈判桌前站了起来,对中方主谈代表说:"代表先生,您的价格是我们公司不能接受的,绝对不能接受的!"

中方用户的代表在一旁非常着急,因为时间紧迫,年底以前必须签约,而且他对现在的价格已经很满意了,生怕外商翻脸,谈判破裂,主张不要再压价了。可中方主谈认为,现在的价格还太高,还应再压低价格。所以,他示意外商坐下,微笑着说:"请坐下,慢慢谈。"在外商坐下来以后,中方主谈说:"不过,我也请贵公司考虑,如果价格不降下来,中方也是不能接受的。原因很简单,根据我们测算,贵公司的要价还可以再降1000万美元!并且我们有足够的资料证明这一点。"

"NO! NO! NO!'外商又一次激动地从谈判桌前站了起来,瞪大了眼睛,连连摇头,"1000万美元!如果再降价150万美元,我回国就只剩下一条裤衩了。代表先生,我们不能接受,无论如何也不能接受!"

眼看谈判不能再进行下去了,中方主谈提议暂时休会,待到明天再继续谈判,并且向对方实施最后期限的谈判策略。他告诉外商:"这样吧,明天是我们谈判的最后一次,请您回去再考虑一晚上,让我们珍惜这最后一次机会。"

回去以后,中方用户对中方主谈的压价非常担心,认为太冒险了。可中方主谈胸有成竹地告诉用户,要他明天看好戏。

第二天早上,双方再次谈判时,对方宣布再次答应中方的降价要求,再降830万美元。直到这时,双方的手才紧紧地握在一起。

中方主谈的冒险获得了成功。

上述谈判中,中方主谈正是对各种因素有全面的把握,敢于斗争,善于胜利,才能胸有成竹地迫使对方就范,争取到了最大利益。

弥天大勇,处乱不惊

中国国务院副总理吴仪在世界舞台上被称为"中国的铁娘子"。她在长达十几年的中美知识产权谈判中所表现出来的优雅干练、从容镇定的风采备受世界赞誉。

中美之间关于知识产权问题的纠纷由来已久,从20世纪80年代开始就一直存在着摩擦,中国政府也一直以积极的态度对待知识产权问题。1990年4月,美国以"中国对知识产权保护不力"为由,根据美国贸易法"特别301条款"的规定,宣布将中国列入"重点观察国家"名单。1992年1月,中美双方的贸易代表吴仪和卡拉·希尔斯共同签署了《中美关于知识产权保护的谅解备忘录》。中国政府承诺,愿意在约定期限内完成有关加强知识产权的保护工作,而美方则承诺取消对中国的特别调查。

两年后的1994年6月,美国借口中国与计算机行业相关的激光唱盘等产品的盗版问题给美国企业每年造成了数十亿美元的损失,再次挥舞起"特别301"大棒,不考虑中国政府在签署谅解备忘录以后作出的种种努力,要求对中国进行六个月的调查。在接下来的半年里,中美之间就知识产权保护问题共进行了七轮谈判磋商。

在谈判中,中国政府代表采取了既坚定原则又灵活机动的策略。一方面向国际知识产权规则靠拢,另一方面又从中国作为发展中国家的实际出发,不接受额外条件。对美方提出的非法复制激光唱盘的问

题,中国政府专门组织力量收缴并销毁了数以百万计的盗版激光唱盘和录像带,关闭了有关的侵权工厂。但美方谈判代表却层层加码,提出一系列实际上已经超出了知识产权保护范围的要求。如在"音像制品对外开放市场"这个连发达国家之间也未能达成一致的问题上,要求在中国设立独资的新闻出版和音像制品公司;在"海关边境措施"、"版权认证制度"以及"行政执法部门的权限"等问题上,提出了连美国自身也未能做到的要求;美方甚至对中国的司法和立法程序也提出了要求,要求允许美国在中国设立侦探事务所。

中国政府当然不会同意美方的这些条件。对此,美方向中方提出了"六个月最后期限",如届时仍不能满足美方要求,就将对中国进行贸易报复!根据他们的经验,这一招足以使任何一个发展中国家屈服。

面对美国的威胁,中方代表吴仪从容不迫地警告美国:"你们宣布报复清单之日,就是我们公布反报复清单之时。"之后,中方开始紧张地研究反报复清单。

12月31日夜,美国贸易代表坎特公布了28亿美元的对华贸易报复征求意见清单。称中国如果不能在规定的时间之前满足美国的要求,美国将对中国出口美国的电子产品、发电机、自行车、鞋、玩具等商品征收100%的关税。

不到一个小时,中国政府的反报复清单就公布了!而且相比之下,中国的反报复清单中还增加了投资一项,使得美国有苦难言。见最后通牒没有起到任何作用,美国代表团不得不致函中国代表团要求恢复谈判。吴仪回函,同意恢复谈判,但地点是在北京而不是在华盛顿。随后,美国贸易副代表巴尔舍夫斯基从美国飞抵北京,新一轮中美知识产权谈判开始。2月26日,双方达成协议,两国关于知识产权的纷争告一段落。

在这场谈判中,面对谈判桌上的变化,吴仪沉着冷静、处乱不惊,针对美国谈判代表的威胁,以牙还牙给予回击,最后还通过谈判地点的改变争取到了主场优势。最终使谈判达成了双方都较为满意的结局。

国与国谈判中要有大勇,企业谈判中也是如此,有谋更要有勇。

魏得曼先生已经年过半百了,仍活跃在商界。他的公司打算从日本引入一套生产线,双方在斯图加特开始谈判。在进行了8天的技术交流后,谈判进入了实质性阶段。日方代表发言:"我们经销的生产线,由日本最守信誉的3家公司生产,具有当今先进水平,全套设备的总报价是330万美元。"日方代表报完价后,漠然一笑,摆出了一副不容置疑的神气。

对方的先声夺人并没有将魏得曼先生吓住。他缓缓站起身,掷地有声地说:"据我们掌握的情报,你们的设备性能与贵国某会社提供的没有任何差异,而我的朋友某先生从该会社购买的设备,比贵方开价便宜50%。因此,我提请贵方重新出示价格。"

日方代表听了魏得曼的发言,面面相觑,首轮谈判就此结束。

离开谈判桌后,日方在一夜之间把各类设备的开价列了一个详细的清单,第2天报出的总价急剧跌到230万美元。经过双方激烈的争论,总价又压到了170万美元。至此,日方表示价格无法再降。在随后长达10天的谈判中,双方共计谈崩了30次。由于双方互不妥协,导致拉锯战没有任何结果。双方在谈判桌前的角逐呈现白热化状态。日方代表震怒了:"魏得曼先生,我们几次请示东京,并多次压价,从330万美元降至170万美元,比原价降了48.5%,可以说做到了仁至义尽,而如今你还不签字,你也太无诚意了吧?"说完后,气呼呼地把文件夹甩在桌子上。

面对如此变故,其他谈判人员都大惊失色,但魏得曼先生却十分从容地站起来,直视对方谈判代表的眼睛说:"先生,我想提醒你的是,

你们的价格,还有先生的态度,我都是不能接受的!"说完后,同样气呼呼地把文件夹甩在桌上。由于魏得曼故意没有夹好文件夹里的文件,经这么一甩,文件夹里西方某公司的设备资料撒了一桌子。

日方代表看到桌上的资料正是来自于当地的竞争对手,大吃一惊,急忙拉住魏得曼先生的手满脸赔笑说:"魏得曼先生,我的权限只能到此为止,请容我请示之后,再商量商量。"

此时魏得曼先生心里紧张但还是表情无畏地说:"请你转告贵会长,这样的价格,我们不感兴趣。"说完转身便走。

日方经过再次请示,双方以160万美元成交。

魏得曼在此次谈判中获得成功的奥秘就在于他采取了以牙还牙的态度,在表示生气时故意将准备好的资料甩出来,使对方威胁不成反被威胁,最终疑惑动摇,败下阵来。可见谈判人员在谈判中不但要有技巧,更重要的是,还必须具备良好的心理素质,面对突发情况从容不迫,冷静分析,巧妙应对。

不战则已,战则必胜

对于战场上的较量,中国共产党历来强调,该打的时候坚决打,不该打的时候坚决不打,不打无准备、无把握之仗,持重待机,战则必胜。抗美援朝战争和板门店谈判就是在这一原则指导下进行的。

新中国成立后,百废待兴。面对朝鲜战争,起初并不愿意卷入其中。但美国无视中国政府警告,不断挑衅,中国政府和人民只有奋起反抗。中共中央抱着"不战则已,战则必胜"的决心,精心准备,灵活应战。在抗美援朝战争中,中国人民志愿军基本是陆军,主要是步兵,且装备落后,但不畏强敌,奋勇对付以美国为首的拥有陆、海、空诸军兵种和机械化装备的16国联军。开始时,中央军委曾计划先开展防御作战,后根据战场突变和敌军分兵冒进的情况,果断改变原定计划,抓住战机,出其不意,实行运动战,连续发起五次进攻战役,把敌人从鸭绿江边打到北纬37度线附近,迅速扭转了战局。随后,毛泽东又根据战场上已经形成的相持局面,及时提出持久作战、积极防御的战略方针,实行了由运动战向阵地战的战略转变,牢牢掌握了战场主动权。

美国入侵朝鲜,把战火烧到鸭绿江边。周恩来代表中国政府向美国发出严正警告。

这个时候,在朝鲜战场上捞不到便宜的美国才"拐弯抹角"表示,愿意谈判解决朝鲜问题。1951年6月29日,"联合国军"总司令李奇微给朝鲜人民军最高统帅金日成、中国人民志愿军司令员彭德怀发出了谈判信号。7月10日上午9时许,一队打着白旗的美军车队在朝中方安全军官引导下驶入开城,持续了两年多的板门店谈判由此拉开序幕。

这次谈判是新中国成立后的第一次对外军事谈判,对手又是美国这个世界第一军事、经济大国,党中央对这次谈判非常重视,做了充分的谈判斗争和军事斗争的两手准备,以保证战略目标的实现。鉴于谈

朝鲜停战谈判第一次会议美韩方代表。左起：霍治、克雷奇、乔埃、白善烨、勃克。

判将涉及军事、政治、外交等领域，会面临异常复杂多变的情况，又与朝鲜政府合作，建立了一个高度集中统一的谈判班子，以期密切配合，共同努力，夺取战场和谈判桌前的双胜利。

每次与对手谈判前，中朝两国代表都要对谈判的各种条件进行认真研究，对各种可能的问题想好对策。谈判中尽量让对方先提出动议，摸清其意图及底牌后，再提出自己的主张，从而使自己始终处于主动有利的地位，有效地回击了美方的漫天要价，并在谈判中设法抓住敌人破绽，提出合理意见。同时，中朝两国积极研究对方17个国家之间的分歧和矛盾，通过政治宣传和军事斗争手段，进行分化瓦解和打击，从而保证我方谈判目标的实现。

谈判从一开始就充满了原则上的分歧，充满了敌意。由于分歧太大，谈判总是谈谈停停。在多次交锋都没有取得实质性进展后，美国人提出"让炸弹、大炮和机关枪去辩论吧"。

在战场上,中朝军队坚决粉碎了敌人的多次进攻。在1951年的反击"夏季攻势"作战中,共毙、伤、俘敌军2.4万人,在反击"绞杀战"中,毙、伤敌军7.8万人,反击"秋季攻势"中,毙、伤敌军4.7万多人。这些胜利彻底打掉了美方在谈判桌前的傲慢态度。

在随后的谈判中,美国在战俘问题上坚持所谓"自愿遣返"原则,意图通过宣扬有所谓不愿返回中朝的战俘来丑化社会主义国家形象,获得政治上和心理上的胜利。中朝代表识破了美国的诡计,根据日内瓦公约精神,严正驳斥了美军的方案,指出这一方案违反国际法,并用大量事实揭露了美国扣留中朝军队战俘的真相和为了"甄别"是否自愿遣返而残酷虐待战俘的暴行,迫使对手节节后退,使战俘问题得到了较为妥善的解决。

1953年7月27日,历时747天的板门店谈判终于画上了句号。这次谈判,迫使美国放弃了"海空补偿"和索取开城的企图,并在战俘问题上有所让步。最终,"联合国军"司令官克拉克无奈地在"历史上第一个没有获得胜利的停战协定"上签了字。中国人民志愿军"不战则已,战则必胜"的行动使中国人民在世界上扬眉吐气。

彭德怀在朝鲜停战协定文本上签字,右坐者为李克农,左坐者为杜平。

在商业谈判中,也要坚持"不战则已,战则必胜"的原则。如果对对方的基本情况、专业信息、事实真相、对方动机与意见了解不够,就不要急于出招或表态;初次交手不要总想一鸣惊人,要善于从对方谈话中分析形势,也要注意在谈判之外搜集情报,还要认真研究确定对策,从而保证自己目标的实现。

潘光迥博士曾任香港中文大学高级管理文凭部主任,是一位知名度颇高的社会学家,20世纪60年代,他曾主持了香港的第一个公众关系学讲习班。他所说的"公众关系",是一个舶来术语,如今我们更多的是翻译成"公共关系"。为了推动公关在香港的发展,潘光迥博士曾做了大量宣传与普及工作。他曾对笔者讲过这样一件事。

一次他与一位大公司的老总探讨公司的公关问题。那位老总对他讲:坦率地说,公关没用,不搞也行。潘博士反问了一句:怎么说它没用呢?那位老总接着便滔滔不绝地对他讲了些公司产品质量如何超群,销售如何旺盛之类的话。他刚停下来,潘博士又问:贵公司就这些业绩,还有别的吗?那位老总想了想又长篇大论地讲了些公司的信誉、员工培训方面的情况。如此反复了几次,等到那位老总把可以想到的全都说完了,潘博士便反问道:贵公司做了这么多事情,您为什么只对我一个人说呢?把它讲给所有相关的人听,让人们都知道贵公司产品质量超群,信誉卓著,精诚团结,那对贵公司不是更有好处吗?一番话使那位老总听后连连点头。潘博士接着画龙点睛地说了一句:其实这就是公关。

有人喜欢在谈判桌前滔滔不绝、口若悬河,把谈判场当成了演讲台,这是很不明智的。其实谈判并不像有些人想象的那样需要多么高超的口才。与口才相比,"耳才"对于谈判来说,可能更为重要。谈判应当是"先听后说,多听少说,勤于听慎于说"。在上面的例子中,潘博士并没有过于表现自己的"口才",而只是专注与耐心地倾听,便牢牢把握住了谈判的主动权。这颇有些像古代兵法里讲的"以静制动"的道理。

表面强大的对手，往往是纸老虎

中国共产党善于从事物的本质和力量转换的规律出发，深入分析对手，从而确定战胜强敌的政策与策略。毛泽东曾经指出："一切反动派都是纸老虎。看起来，反动派的样子是可怕的，但是实际上并没有什么了不起的力量。从长远的观点看问题，真正强大的力量不是属于反动派，而是属于人民。"①他强调："从本质上看，从长期上看，从战略上看，必须如实地把帝国主义和一切反动派，都看成纸老虎。从这点上建立我们的战略思想。"②

在抗日战争进入到相持阶段后，国民党顽固派挑起了一次又一次反共高潮，其中皖南事变最令国人震惊与愤慨。

皖南事变发生后，围绕着中共参政员是否出席国民参政会的问题，共产党与国民党进行了一场斗智斗勇的谈判。这次谈判充分体现了国民党顽固派的

毛泽东在与美国记者安娜·路易丝·斯特朗的谈话中指出，帝国主义是纸老虎。图为1947年5月，上海《文萃》第六辑译载了毛泽东与斯特朗的谈话。

---

① 《毛泽东文集》第七卷，第124页，人民出版社1999年版。
② 《毛泽东文集》第七卷，第157页，人民出版社1999年版。

"纸老虎"本质。由于国民党挑起皖南事变不得人心,面对国内外的巨大压力,蒋介石急于拉共产党出席参政会。但皖南事变的善后问题还未解决,全国的政治高压还未松动,中国共产党为了积极征得社会各界的理解和同情,提出以接受关于皖南事变善后十二条作为出席参政会的条件,并由七名中共参政员致函参政会陈明理由。国民党代表接函后,十分紧张,接连找中共代表周恩来要求暂时收回公函,以便劝说蒋介石约周谈话。周恩来严词拒绝,认为见蒋必不能得结果,如果翻脸,现在本已翻脸,我们已经准备着了。在参政会即将开幕时,国民党代表苦苦哀求周恩来,甚至说为了国家计,他跪下也可以。周恩来说:这不是个人问题,而是政治问题。国民党代表又提出是否见蒋,周恩来明确回答:目前见蒋亦无意义,因不会得到任何结果的。国民党代表又转达有关方面意思,新四军干部和叶挺可归还,军事进攻停止,政治压迫要总解决,由蒋负责纠正,再不许发生新事件。这说明国民党方面开始软下来了,但周恩来仍不为所动。他回答说:所提具体条件可以报告中共中央,但没有必要收回公函,更没有必要见蒋。3月1日,国民参政会二届一次会议开幕。头天晚上,各方面都在等待中共参政员出席会议的消息,蒋介石侍从急打了一宿电话不断询问情况。3月1日凌晨,国民党代表奉蒋介石之命专请在渝的中共参政员出席会议,但因没有答应所提条件,中共参政员不能不谢绝。中共参政员虽未出席参政

皖南事变后,周恩来在重庆与国民党顽固派进行了有理、有利、有节的斗争。图为周恩来、董必武在重庆红岩村。

会,但中国共产党在处理这个问题上的立场和态度已博得广大民众的同情。国民党进退失据,一筹莫展。蒋介石讲话无精打采,参政会怏怏收场。周恩来报告党中央说:此次参政会我们得了大面子,收了大影响。昨夜今朝,蒋连续派两批特使迎董(必武)、邓(颖超)。全重庆全中国全世界在关心着,打听着中共代表是否出席,人人都知道延安掌握着团结的人是共产党中央。

在当今的商务谈判中,当然没有"反动派"等政治划分。不过面对强大的对手,只要深入调查,认真分析,"纸老虎"理论仍然适用:在陷入困难时,找出对方弱点或漏洞,周密设计,巧妙周旋,常常会达到"一着妙棋,全盘皆活"的效果。

曾有这样一家公司,在谈判中,面对强硬的对手,没有提出任何建议,也没有提出任何要求,却使对方连连让步,达成了令人满意的协议。所有这一切都应该归功于运用"纸老虎"理论,即避实击虚的一着妙棋。

这是一家南非公司,制造和装配农业机具,销售命脉一直被销售商控制着。销售商在市场上实力雄厚而具有活力,这家生产性的公司本来就是为了单单支持销售商的需求而建立的。销售商要什么,它就生产什么。销售商决定生产的数量,并且大大压低价格,强迫公司努力提供额外的服务。这些产品不可能卖到别的地方,因为产品的设计仅仅符合销售商所服务的那个市场范围内的需要。管理这家公司的欧洲工程师曾经试图为他的产品找到别的市场,但努力是徒劳的,赔了很多钱。面对如此情形,销售商气壮如牛:"你们这些产品的全部业务都是从我们这儿得到的,我们理应受到特殊待遇。如果没有我,你们早就关门大吉了。你们有责任供应我们所需要的东西。"工程师则处于一种无可奈何的虚弱地位。显然,如果此种情形发展下去,这家公司必然会走向破产。

公司董事长从外面请来一个顾问,要求他负责解决销售商的不合理要求。这位顾问通过询问,了解到双方的情况。他对工程师为了满足销售商的需要所维持的费用做了计算,发现惊人之高。从销售商那里,他发现工程师的产品虽然在销售数量上只占总数的一半,却占了盈利的75%。此外,他还发现,正是工程师的产品使销售商轻易地占领了农场主这一市场而击败了其他的竞争者。事实上,他觉得销售商的效率归根结底并不算高,如果没有工程师的话,他也许早就垮台了。这一情况对于争端的解决具有决定性的意义。

顾问开诚布公地询问了双方的负责人,问他们是否愿意考虑某种解决方案。事情很清楚,工程师愿意走这步棋,而销售商却坚持按兵不动。在顾问的参谋下,4周以后,公司董事会作出决定,在6周以内关闭这家生产性公司。董事长征求工程师对这一决定的意见,工程师沮丧地同意了。但董事长对销售商却什么话也没说,只是简单地通知他董事会的决定。5天之后销售商便感到走投无路,他完全清楚了工程师的产品对自己的业务是何等地重要,自己不可能从别的地方弄到这些产品。销售商被迫去找工程师求援。3周以后,一份新的计划送达董事长的案头:工程师将按照与销售商一致同意的原则,使产品的范围更加合理;某些产品将在质量上加以调整,另外一些产品的价格有明显的增加;开发新产品的费用由两家共同负担。董事会也撤回了关闭公司的决定。

在这场谈判中,顾问的聪明之处就在于把趾高气扬的销售商看作"纸老虎",避开销售商盛气凌人的锋芒,而抓住了他最致命的要害——他离不开工程师的产品。并以此为突破口,使用了虚晃一枪的招数——暂时关闭工程师的公司,逼迫销售商对工程师采取合作的态度。避实击虚的做法使工程师摆脱了谈判的不利地位,获得了有利的交易条件。

本书深入重大的中共党史中,并紧密结合企业经营、管理、发展中的难点、疑点、热点问题,讲故事,讲经典,讲企业面临的问题,讲现实的应用方法,力求在通俗浅显的讲述中,让读者既丰富了有趣的历史知识,又能学到实用的工作方法,从而发挥党史资政育人,服务社会的作用。

《读党史 学管理》

ISBN 978-7-210-03875-7

定价:32.00元

2008年10月第1版

本书将中共党史的丰富理论与成功经验应用于企业实际,紧紧围绕企业经营发展中的难点、疑点、热点问题,讲故事,讲经典,讲企业面临的问题,讲现实的应用方法,力求在通俗浅显的讲述中,让读者既丰富了有趣的历史知识,又能学到实用的工作方法,从而发挥党史资政育人、服务社会的作用。

《读党史 学经营》

ISBN 978-7-210-03876-4

定价:32.00元

2008年10月第1版

古人云:"开卷有益",但它绝非是"死读书"或"读死书"。读书方法,因人而异。而对于学者来说,"开卷有疑",既是一种方法,也是一种责任。

本书作为杨奎松先生近年来所撰中国现代史读书札记的一个结集,涉及近现代政治、军事、外交乃至重要历史的研究著作16余种。书中既有对这些著作学术成就、学术特色的中肯评价,也有对其中的偏颇、阙失、不足的指正,并多有独到的见解。读来有耳目一新,振聋发聩之感。

《开卷有疑》

　　杨奎松　著
　　ISBN 978-7-210-03550-3
　　定价:39.00元
　　2008年3月第2版

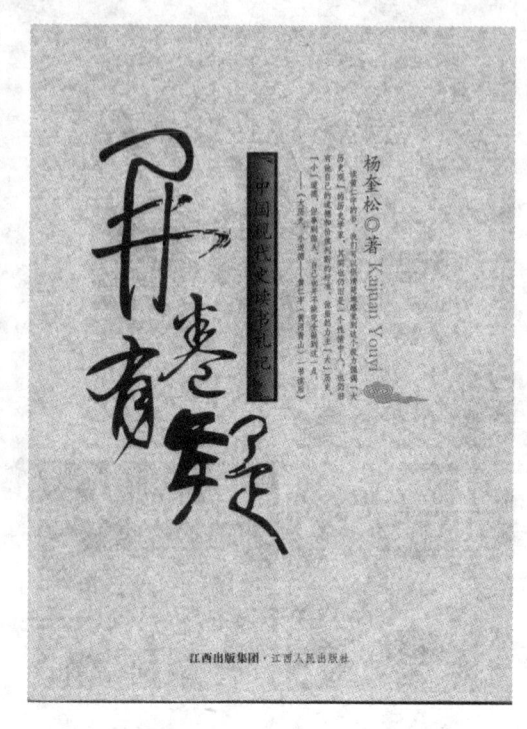

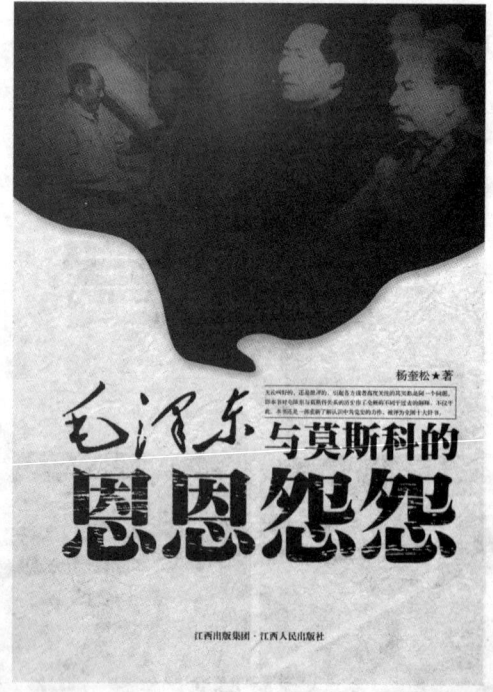

　　无论叫好的,还是批评的,引起各方读者高度关注的其实都是同一个问题,即本书对毛泽东与莫斯科关系的历史作了全新的不同于过去的解释。不仅于此,本书还是一部重新了解认识中共党史的力作,被评为全国十大好书。

《毛泽东与莫斯科的恩恩怨怨》

　　杨奎松　著
　　ISBN 978-7-210-02127-8
　　定价:49.00元
　　2008年4月第4版

普京执政8年来，俄罗斯所发生的一切都与普京的决策、言语、行动，甚至他个人的形象密不可分。普京从政坛上的一匹黑马、国家最年轻的和最有争议的总统，到政治威望最高、得到许多普通人认可的国家和民族的领袖，这是一个非常奇特、非常耐人寻味的历史进程。俄罗斯的一切变迁都覆盖、笼罩着"普京之云"。这云下的一切影影绰绰、万花筒般光怪陆离。当今的俄罗斯是个谜，站在俄罗斯顶峰的普京更是个谜。本书正是着力探讨这谜团背后真实的普京以及普京领导下的俄罗斯。

《普京之谜》

ISBN 978-7-210-03842-9
定价：39.00元
2008年6月第1版

图书在版编目(CIP)数据

读党史　学谈判/宋连生　王树臣著.—南昌:江西人民出版社,
2008.10
ISBN 978-7-210-03877-1

Ⅰ.读...　Ⅱ.①宋...　Ⅲ.①中国共产党—党史—通俗读物
②谈判学—通俗读物　Ⅳ.D23-49　C912.3-49

中国版本图书馆 CIP 数据核字(2008)第 100984 号

读党史　学谈判

宋连生　王树臣　主编

江西出版集团
江西人民出版社　出版发行

南昌市红星印刷有限公司印刷　新华书店经销
2008 年 10 月第 1 版　2008 年 10 月第 1 次印刷
开本:787 毫米×1092 毫米　1/16　印张:15
字数:170 千
ISBN 978-7-210-03877-1　　定价:32.00 元

江西人民出版社　地址:南昌市三经路 47 号附 1 号
邮政编码:330006 传真电话:6898827 电话:6898893(发行部)
网址:www.jxpph.com
E-mail:jxpph@163.net　web@jxpph.com
(赣人版图书凡属印刷、装订错误,请随时向承印厂调换)